BUZZ

Publisher ANDERSON CAVALCANTE
Editora SIMONE PAULINO
Editora assistente LUISA TIEPPO
Projeto gráfico ESTÚDIO GRIFO
Assistente de design NATHALIA NAVARRO
Revisão JORGE RIBEIRO e ERIKA NOGUEIRA
Fotografia da capa MARCIO SCAVONE

Dados Internacionais de Catalogação na Publicação (CIP)
de acordo com o ISBD

Peloi, Karina
Magra para sempre / Karina Peloi
São Paulo: Buzz Editora, 2019.
160 pp.

ISBN 978-65-80435-45-6

1. Autoajuda 2. Alimentação 3. Dieta 4. Emagrecimento I. Título

159.947 CDD-158.1

Elaborado por Vagner Rodolfo da Silva CRB-8/9410

Índices para catálogo sistemático:
1. Autoajuda 158.1
2. Autoajuda 159.947

Buzz Editora Ltda.
Av. Paulista, 726 – mezanino
cep: 01310-100 São Paulo, SP

[55 11] 4171 2317
[55 11] 4171 2318
contato@buzzeditora.com.br
www.buzzeditora.com.br

KARINA PELOI

MAGRA PARA SEMPRE

Dedico este livro a todas as pessoas com as quais aprendi ao longo da minha jornada, a todos os professores e treinadores. Dedico também a todas as minhas alunas e mulheres que me inspiram a seguir em frente. E ao meu marido, meu grande amor, meu maior incentivador, Wendell Carvalho, que constantemente me lembra da minha missão, que é contribuir com a vida do maior número de mulheres, para que eu as auxilie a transformar suas relações com o alimento, com a saúde, com o corpo e com as suas emoções. Dedico este livro para quem tem fome de ser feliz, mas ainda não se deu conta disso.

INTRODUÇÃO

Quero falar sobre uma mulher real, que poderia ser a personagem de um livro, mas ela está em todos os lugares. Vamos chamar esta mulher de Ana.

Ana era uma mulher extraordinária, mas estava tão insatisfeita com o seu corpo que muitas vezes se esquecia do quão incrível era.

O excesso de gordura corporal não permitia que ela percebesse tudo o que tinha de tão valioso dentro de si. Ao olhar para si mesma, por mais que se esforçasse, o que via era um corpo que ela criticava, reprovava e até mesmo agredia com pensamentos e palavras.

Todas as tentativas para emagrecer – dietas, remédios, chás e *shakes* – pareciam ter apenas o poder de reforçar a certeza de que perder peso e ter um corpo saudável seria algo inatingível para ela.

Ana era o tipo de mulher que estava sempre frustrada com o próprio corpo, especialmente por acompanhar tantas mulheres de silhuetas perfeitas nas redes sociais. Além disso, ao observar as pessoas à sua volta, pessoas reais, percebia que muitas também estavam acima do peso e isso a fazia pensar na possibilidade de se acomodar com seu corpo do jeito que estava.

Para disfarçar o seu corpo, Ana usava roupas de que nem gostava muito, roupas que se esticavam e se adaptavam à sua forma de acordo com a oscilação de peso e escondiam o que ela não queria que fosse visto. Além disso, perdeu o prazer de comprar roupas novas, já que acreditava que jamais ficariam bem em seu corpo.

Por acreditar que as roupas não lhe caíam bem em seu corpo, às vezes Ana evitava sair de casa, recusava convites para festas e eventos e, há algum tempo, se recusava a ir à praia com a família e os amigos.

Ana também estava frustrada em relação aos exercícios físicos. Já tentara diversas vezes se exercitar, mas nunca conseguira instalar esse hábito na sua vida.

Só que a Ana não desistiu. Sempre em busca de emagrecer, toda vez que alguém falava sobre uma nova dieta, ressurgia nela uma nova esperança de que algo efetivamente funcionasse. Ana sabia que sempre teria uma segunda-feira para recomeçar.

Eu conheço essa dor porque já estive nesse lugar, um lugar que pode ser ruim, mas pelo menos é confortável, porque sabemos como é. Nos olhamos no espelho e nos sentimos insatisfeitas, fazendo juras de que, no dia seguinte, na próxima semana, ou no próximo ano, iremos fazer diferente. Mas, apesar da dor, mantemos tudo como está.

A pergunta que nos ronda é: por que, apesar de tanta insatisfação, não agimos para a mudança? Por que, apesar de ser algo que depende basicamente de nós mesmas, dizemos "eu não consigo"?

Mas um dia Ana decidiu de verdade que não viveria mais daquela forma. Naquele dia, ela se olhou no espelho, tirou a roupa, e ficou apreciando cada detalhe de seu corpo e decidiu que não iria mais brigar com aquele reflexo, que ela iria acolher a si mesma de forma amorosa e respeitosa.

Ela sabia que se não agisse, nada aconteceria, e sua vida iria simplesmente passar naquele emaranhado de frustrações. Ela percebeu que até então não tinha tido sucesso nas tentativas de emagrecer porque talvez não quisesse de verdade. Que, por mais que negasse, tinha ganhos por estar do jeito que estava.

Foi aí que ela resolveu buscar outros ganhos. Decidiu que iria emagrecer pelos motivos certos, que não mais iria emagrecer para atender a um padrão estético estabelecido, mas sim para ter um corpo funcional, saudável, que lhe desse energia para uma vida cheia de realizações e, acima de tudo, um corpo que representasse a mulher que ela era e de que havia se esquecido.

Então ela avançou. Parou de criticar a si mesma, de se comparar com outras mulheres e decidiu que não seria apenas apaixonada por um peso final, ou por um resultado final, mas que iria amar o caminho para chegar aonde desejava.

Agora Ana é uma nova mulher, não porque eliminou gordura corporal, nem porque usa roupas que outrora não tinha coragem de usar, mas porque, para conseguir mudar seu corpo, teve que mudar a forma como vivia. Ana teve que mudar a sua própria história e isso fez dela uma nova mulher.

Eu já acompanhei muitas histórias como essas. Mulheres que estavam tão insatisfeitas com o próprio corpo e com a própria vida e que não sabiam mais o que fazer para mudar. Não acreditavam mais que todo poder estava dentro delas. Estavam tão certas de que todo o problema que tinham era aquele excesso de gordura corporal, que estavam cegas para enxergar que, assim como a gordura, que está na superfície do corpo, aquele era apenas um problema superficial. Mas quando paramos e observamos a história dessas mulheres, percebemos que existem questões mais profundas a serem trabalhadas.

Mulheres com excesso de trabalho, sobrecarregadas com casa, família e filhos. Frustradas com as suas finanças, com a carreira ou com a falta de uma. Mulheres em relacionamentos amorosos frios, destrutivos e sem conexão.

A comida se torna muitas vezes o refúgio dessas mulheres, é o que as acolhe e as conforta. Quantas delas, após ter a casa em silêncio, ou encerrar a sua rotina, buscam o prazer da comida para aliviar o cansaço e o estresse.

Só que aí alguém vem e diz: "Não, você não pode comer assim, não coma doces, não coma esses alimentos que te proporcionam tanto prazer, não coma tanto, não coma, não coma". Essas proibições todas só fazem com que se sintam ainda mais fracas, por serem incapazes de vencer a tentação de atacar um simples doce.

Dizer a uma mulher que ela tem que parar de comer, sem que ela seja capaz de sentir, em sua intimidade, a razão pela qual deve fazer isso, chega a ser um ato de crueldade.

Quando eu atendia em consultório, notava que, se não ajudasse aquelas mulheres a perceberem os reais benefícios de mudar a alimentação e ter outro estilo de vida para emagrecer, elas não venceriam essa batalha. Se elas não se dessem conta de que, muitas vezes, estavam apenas alimentando o corpo emocional, não deixariam de comer o que as estava impedindo de emagrecer.

Para ajudar essas mulheres, passei a me dedicar ainda mais a estudar o comportamento humano.

Desde os 25 anos, venho caminhando nessa jornada de me desenvolver e auxiliar outras pessoas e, para isso, fiz algumas formações. A Terapia do Renascimento foi a minha primeira grande imersão, à qual sempre serei grata, pois foi onde descobri que podemos nos desenvolver, aprender a cuidar das nossas emoções, entender as nossas dores e curá-las para uma vida de satisfação e felicidade. Minha eterna admiração e respeito à mestre Ramyata, com quem fiz a formação em Renascimento.

Dediquei-me ao estudo autodidata da Terapia Cognitiva Comportamental e depois disso vieram outras formações, como a Pranaterapia e a formação em *coaching*. Fui para fora do Brasil estudar e, mais tarde, fiz o curso de Programação Neurolinguística – PNL.

Nesse longo caminho pude me redescobrir. Abandonei a carreira de advogada e professora na área jurídica e, aos 33 anos, ingressei na faculdade de Nutrição para realizar o meu sonho, para cumprir a minha missão de ajudar outras mulheres a recuperarem a saúde, a energia, a autoestima e uma vida mais feliz através de uma nova relação com a comida e os exercícios.

Quando resolvi escrever este livro, senti que estava pronta para transmitir a mensagem que eu tinha para passar. Vivi a experiência de ganhar peso durante a faculdade de Direito, que hoje sei que foi reflexo da minha frustração de não gostar do curso, da tristeza que sentia naquele momento por não me identificar com a carreira com que sempre sonhei e que, para mim, era o que poderia salvar a minha vida, me tirar da pobreza e me fazer ser uma profissional de sucesso: uma grande advogada. Mas eu não gostava daquilo tudo e estudar tornou-se uma obrigação. Logo, eu comia para aliviar a minha dor.

Muitas vezes, não somos capazes de entender por que temos que passar por algumas experiências em nossas vidas. Mas hoje tenho certeza de que tudo que vivi durante a faculdade de Direito e nos oito anos que advoguei serviram para que eu soubesse como as pessoas se anestesiam com comida e, dessa forma, poder ajudá-las da melhor maneira possível.

A minha experiência no consultório, tudo que estudei a respeito de desenvolvimento humano e a minha história de vida contribuíram para que eu criasse um Método que vem ajudando mulheres a mudarem suas histórias e emagrecer.

Sim, e é esta a minha proposta para você: mudar a sua história para emagrecer.

Deepak Chopra diz que "teu corpo é reflexo da sua história" e eu sempre concordei com isso. O seu corpo reflete a sua história de não se alimentar de forma saudável e/ou comer mais do que precisa; reflete, talvez, a sua história de sedentarismo. Talvez o seu corpo seja reflexo das suas frustrações, do medo de tomar decisões, de mudanças, de não saber dizer não para as pessoas. Se quiser mudar a forma como o seu corpo se apresenta, terá que mudar a sua história de vida. Terá que aceitar que talvez seja preciso trilhar um caminho que te leve a um lugar diferente do que você conheceu até hoje.

Imagine o seguinte: uma pessoa que não se alimenta de forma saudável, alguém que come alimentos que sabemos que fazem mal ao organismo. Imagine agora que essa mesma pessoa consome poucos alimentos saudáveis e que realmente possam nutrir seu corpo. Para completar, essa pessoa é sedentária, pouco movimenta os seus músculos, não se exercita. Eu te pergunto: a imagem que você visualizou foi de uma pessoa saudável? De alguém que tem uma forma física que reflete saúde, energia e vitalidade? Acredito que não.

Para você conseguir visualizar uma pessoa saudável e com um corpo físico que seja reflexo disso, terá que visualizar uma nova história, uma nova forma de viver. Se você quer ser saudável e emagrecer, terá que criar uma nova história para a sua vida.

Eu entendo que seja um desafio para você, que já tentou de tudo para emagrecer e vive brigando com a balança. Durante muito tempo em minha vida eu fui essa pessoa cujo o peso oscilava, por isso, conheço essa dor. Talvez você já tenha tentado todas as dietas possíveis e imagináveis, ingerido *shakes*, sopas, e sempre retornado ao seu peso anterior.

Eu te convido a buscar o seu melhor, a acreditar que pode ser diferente, a escolher um caminho que vai te levar a um lugar inesperado. Quero que pare de encarar o processo de emagrecimento como uma luta. Vejo mulheres travando uma verdadeira guerra para emagrecer, e te digo: não precisa ser assim.

Primeiro, quero que faça as pazes com o seu corpo – e eu vou te conduzir ao longo dessa jornada de aceitação. Mas entenda, não estou falando sobre se conformar em não ter um peso saudável. Quero dizer aceitar e amar o corpo que você tem hoje. Amar de tal forma que o trate com todo o respeito. Que o coloque em movimento. Quero que você o alimente de forma que se sinta nutrida, que saiba que seu corpo vai funcionar da melhor forma e assim responderá com saúde, energia e então, como consequência, você verá as suas medidas diminuindo dia após dia.

Escrevo este livro para fazer com que você se levante do sofá e decida ser feliz. Decida fazer as pazes com seu corpo, encarar todas as situações que te fazem ter um comportamento alimentar que te leve a um lugar diferente daquele aonde pretende chegar e organizar sua vida, para que finalmente possa fazer as pazes consigo mesma.

Quero que você entenda que, neste livro, eu vou te incentivar a comer. Vejo as pessoas com medo de se alimentar e não quero que isso aconteça com você. Quero que você coma, porque precisamos de alimento. A comida é a base da nossa existência. Mas quero que coma comida de verdade, comida em sua origem, quero te ensinar a sentir o prazer e a energia que provêm de se alimentar de forma saudável.

Perder peso é fazer as pazes com você. É entender o que te faz bem, o que nutre seu corpo e sua alma.

Reuni, neste livro, o que constatei como nutricionista clínica, ao mudar a vida de milhares de alunas com o Método Magra para Sempre. Alunas que estavam cansadas de fazer dieta, de se privar de calorias, de viver de *shakes* ou de engordar o dobro do que tinham emagrecido depois de dietas tão restritivas.

Não é preciso criar infelicidade para emagrecer. Ao contrário, quero que perceba que uma vida saudável do ponto de vista físico e emocional é o melhor caminho para ser feliz e perder peso.

Este livro é para quem tem fome de vida e não quer engordar com ela.

Está na hora de ser magra para sempre.

1

POR QUE EU NÃO EMAGREÇO?

Esta parece ser a pergunta que cerca diariamente milhares de mulheres diante do espelho. Você não é a única a fazer esta pergunta a si mesma. Muitas mulheres chegam até mim e dizem que simplesmente não conseguem emagrecer, como se houvesse uma incapacidade natural que as impedisse de perder peso.

Durante o tempo que atuei no consultório, eu ouvi pessoas afirmando, com semblante derrotado: "Eu não consigo".

De tanto ouvir aquele "eu não consigo", busquei compreender o que as levava a dizer que não eram capazes. Até hoje costumo brincar: "*Mas como assim*, não consegue? Por acaso a comida tem duas perninhas e sai correndo atrás de você pela casa? Seu sofá tem algemas que te prendem para que não se exercite?".

Ao longo do tempo entendi que era preciso propor uma reflexão. Eu me perguntava se aquelas pessoas que diziam "eu não consigo" realmente não conseguiam ou apenas não conheciam um mecanismo que as fizessem romper com aquele ciclo vicioso que viviam de comer, sentir culpa, comer novamente, sentir mais culpa e estar sempre acima do peso.

Eu sei que conscientemente você deseja emagrecer, e entendo todos os desafios que tem encontrado. Sei que busca isso com todas as suas forças, mas eu quero te ajudar a encontrar uma resposta para esta pergunta, que assola a sua mente e tira suas noites de sono, sua alegria e, muitas vezes, a sua vontade de viver: "Por que eu não consigo emagrecer?".

Ultimamente a resposta mais comum a essa pergunta tem sido a ansiedade. A ansiedade é apontada por muitas mulheres quase como uma entidade, uma força maior que faz com que as pessoas comam muito além do que o necessário. Em outros capítulos vamos trabalhar a relação ansiedade × ingestão alimentar, porque a ansiedade é, sim, um fator limitante ao processo de emagrecimento.

Outras alegam que não conseguem emagrecer porque são indisciplinadas, não têm força de vontade, não têm tempo.

Se analisarmos essas respostas, podemos observar que são vagas. Em nenhum momento elas retratam o que causou o ganho de peso ao longo de toda uma vida e o que está impedindo a pessoa de emagrecer.

Talvez você nem tenha consciência da sua situação atual ou do que fez ao longo do tempo para ganhar tanto peso. Talvez até esteja distraída e desligada de si mesma e não tenha percebido como está, e só note que ganhou alguns quilos indesejados quando se vê numa fotografia, ou nem sabe ao certo por que está como está.

A grande verdade é que poucas vezes na vida damos a oportunidade a nós mesmas de parar para avaliar o estado em que nos encontramos, a fim de encontrar um diagnóstico e saber por onde começar a mudança.

Se você está aqui agora dando a si mesma a oportunidade de ler este livro, saiba que eu estou com você e prometo mostrar as melhores ferramentas que conheço para que você possa se beneficiar de uma mudança que não vai apenas refletir na balança, mas também na sua saúde, na sua energia e na maneira como você se relaciona com a alimentação.

Voltando ao "eu não consigo", quando você usa essa expressão, você se priva de seu poder e tudo que eu não quero neste livro é ver uma mulher perdendo o seu próprio poder. Pode perceber: sempre que você diz "eu não consigo fazer", imediatamente se priva de seu poder.

Só que você ainda não percebeu que o poder está aí, dentro de você, e quando entender isso, passará a assumir a responsabilidade por tudo que conquista na sua vida, inclusive os resultados provenientes do processo de emagrecimento.

Imagine a seguinte cena: você, diante do seu alimento preferido, o qual, naquele dia, não faz parte do seu plano alimentar. E você começa um diálogo interno entre comer e não comer. Você diz a si mesma: "Poxa, mas hoje isso não faz parte dos meus planos". Mas diz também: "Ah, mas eu gosto tanto, é tão gostoso, eu preciso comer, só hoje". E, ao final, você diz "eu não consigo resistir", e come.

Percebe como você se priva de seu poder de escolha ao dizer "eu não consigo resistir"? Como se torna vítima do alimento e desse processo? Como ele toma uma proporção muito maior diante de você?

O que quero que perceba é que não é que você não consegue resistir. A questão é que se quer comer aquele alimento, tudo bem. Espero apenas que mude o seu discurso e assuma: "Adoro esse alimento, hoje ele não faz parte do meu plano alimentar, mas eu quero e decido que vou comê-lo".

É bem provável que você desista de comer aquele determinado alimento. Pois agora está assumindo a responsabilidade de comer, e não está mais atribuindo o ato de comer a uma força maior que você, que não a permite resistir. E, ainda que coma, isso não irá gerar aquela sensação e aquele pensamento "eu sou um fracasso, não consigo resistir a um simples alimento". Isso porque você comeu, porque tomou uma decisão e não porque foi incapaz de resistir. Observe o quanto isso é poderoso e libertador.

Quando assumimos a responsabilidade pelo que fazemos, nos tornamos conscientes de que as consequências das nossas ações foram causadas por nós mesmas e, então, temos o poder de decidir se iremos ou não fazer algo.

A todo momento, temos oportunidade de fazer escolhas. Podemos escolher comer alimentos saudáveis ou podemos escolher os não saudáveis. Podemos escolher ficar um pouco mais na cama ou podemos escolher levantar e nos exercitar. Podemos escolher assistir televisão em casa à noite, ou podemos escolher organizar a alimentação da semana.

O que espero é que pare de dizer que não consegue acordar cedo, que não consegue dizer não ao alimento, que não resiste a estar no sofá vendo televisão. Você sempre pode escolher o que fazer. E se escolhe fazer o que não te ajuda num determinado momento, ainda assim foi uma escolha, e não porque não consegue fazer diferente.

Sei que existem grandes desafios quando se quer emagrecer. Entendo que possa ter uma rotina exaustiva que faça com que muitas vezes não queira cozinhar, não queira ir ao supermercado, não queira fazer exercícios. Mas observe, eu não disse que você não consegue, eu disse que talvez você não queira.

O que quero com este livro é te ajudar a fazer melhores escolhas, te dar soluções para os desafios do dia a dia, te conduzir por um processo para que seja capaz de compreender o quanto emagrecer é importante para você, e, sendo importante, isso deverá se tornar prioridade em sua vida, e, dessa forma, não haver mais espaço para o "eu não consigo".

O meu primeiro grande pacto com você neste livro é que nunca mais diga que não consegue emagrecer. Quero que diga: "até hoje fiz escolhas que me fizeram ganhar peso e me impediriam de emagrecer, mas posso mudar minhas escolhas e perder peso".

Mas não quero que se julgue pelas escolhas que fez até hoje, elas foram as melhores que você pôde fazer com todo seu conhecimento e sua história de vida. Só que, agora, você já sabe que pode fazer outras escolhas, escolhas que te levem aonde efetivamente quer chegar.

Agora quero te perguntar: por que você está acima do peso? Quais as escolhas que fez até hoje te trouxeram até aqui?

Vamos juntas descobrir quais são os seus desafios para emagrecer e, após isso, a cada capítulo deste livro, vamos trabalhar esses desafios para que você possa fazer escolhas diante de cada um deles.

Sempre digo que emagrecer é um projeto, e, como tal, temos que saber qual é o problema, o que estamos buscando resolver, quais são os desafios para resolver esse problema, qual é o plano de ação, quais são as metas e os prazos.

O primeiro passo desse projeto é entendermos por que você está acima do peso. Quais são as suas rotinas, os seus hábitos, o comportamento que te impede de emagrecer.

Mas quero que seja muito verdadeira com você neste momento, sem julgamentos, sem imaginar o que é certo ou errado. Preciso da sua máxima dedicação com essa atividade e, para isso, vou dar exemplos do que pode estar te impedindo de emagrecer. Esses exemplos foram extraídos da minha experiência com minhas pacientes e alunas. Mas são apenas exemplos. Você precisará fazer uma reflexão sobre a sua própria vida e rotina para ter certeza do que tem sido um obstáculo ao seu emagrecimento.

Talvez a história da Camila te ajude a entender tudo isso.

Camila era uma aluna de 28 anos que estava 15 quilos acima do peso. Ela sempre repetia um ciclo em sua vida em relação ao processo de emagrecimento. Como ela trabalhava muito, devido a um cargo de chefia numa empresa, durante o dia, ela conseguia manter a dieta, fazendo até mais restrições do que deveria, já que estava sempre tão ocupada que mal tinha tempo de comer.

Só que, ao longo do dia, seus colegas, subordinados a ela, acabavam não desenvolvendo todas as suas atividades e, para que aquilo não chegasse aos seus superiores, Camila ficava tempo extra fazendo o trabalho que deveria ter sido executado pelos outros. Qual era o resultado disso?

Ela nunca conseguia sair no horário. Nos seus planos, ela deveria sair do trabalho por volta das 18h30, ir direto para a academia e depois para casa, mas ela sempre saía após as 20h e desistia da academia. Assim, chegava em casa por volta das 21h, sem ter se exercitado e com uma sensação estranha que não sabia explicar, certa frustração, sentindo-se injustiçada.

Além disso, estava sempre com muita fome, pois, durante o dia, restringia muito sua alimentação. Por essas e outras, Camila chegava em casa, sentava na frente da televisão e comia até não aguentar mais. No dia seguinte, o padrão se repetia: restrições, promessas de se exercitar sem conseguir cumprir, chegar em casa e se afundar na comida. Esse era o ciclo que a impedia de emagrecer.

Se, na época, perguntássemos à Camila por que ela não conseguia emagrecer, o que acha que ela diria?

Vamos para algumas opções:

– Trabalho demais e não tenho tempo para comer durante o dia;

– Como demais quando chego em casa;

– Quando chego em casa, me sinto ansiosa e como demais;

– Não tenho tempo para os exercícios;

– Chego em casa com muita fome e me descontrolo com a comida.

Observe que tudo isso é verdade e, se avaliarmos a rotina da Camila, vamos ver que tudo isso acontecia. Ao longo do livro vou te contar o final da história da Camila e quais foram as escolhas que ela passou a fazer para romper com esse ciclo que a impedia de emagrecer.

As perguntas que faço ao longo deste livro trarão clareza de que o processo de emagrecimento é mais do que simplesmente numa segunda-feira declarar "estou de dieta" e passar a reduzir drasticamente a quantidade de comida e calorias. Elas farão você perceber antes de iniciar o seu processo quais são os seus desafios e como resolvê-los.

O que te faz engordar e o que te impede de emagrecer são possivelmente hábitos que estão tão enraizados que você talvez nem seja capaz de perceber ou ache que não tenham solução. Uma aluna disse outro dia que ela identificou nesse processo que nos finais de semana seus amigos iam a sua casa e bebiam e comiam muito. Era um excesso que só terminava no domingo, no final do dia. E que, além de comer demais no final de semana, ela se sentia indisposta para os treinos na segunda-feira e sem a menor vontade de retomar os hábitos alimentares saudáveis.

Pode ser que ao longo do processo de emagrecimento você se dê conta de que está convivendo com um grupo cujos hábitos estão distantes do que você deseja para si mesma. É normal perceber que continuar naquele grupinho do trabalho que sai toda tarde para o *happy hour* ou que a cada dia cria uma maratona calórica para o almoço, será um desafio e tanto.

Uma aluna confessou esses dias que seus colegas de trabalho tinham o hábito de sair para comer pastel de feira na hora do almoço duas vezes por semana. Era a rota do pastel num dia, hamburguer *delivery* no outro e *happy hour* às sextas, após o expediente.

Portanto, quando você detectar o que até hoje te fez engordar e o que te impede de emagrecer, é possível que você se afaste momentaneamente de um grupo do qual faz parte ou da turma que cultiva hábitos opostos aos que você está buscando incorporar na sua rotina.

Muitas alunas disseram que, quando começaram a preparar marmita para levar ao trabalho e abriram mão do almoço com os colegas de escritório, sentiram que precisavam ser muito firmes para chegar aonde queriam.

Quando eu era mais jovem e me vi muito acima do peso, precisei de coragem para enfrentar os motivos que faziam o ponteiro da balança subir. Vou contar sobre eles mais adiante, mas as respostas podem ser inúmeras. Muitas mulheres, como já disse antes, quando fazem a si mesmas esta pergunta, acabam caindo na resposta "não tenho disciplina", "não tenho força de vontade" ou "sou ansiosa".

Minha pergunta, caso alguma dessas tenha sido a sua resposta, é a seguinte: Na prática, o fato de você não ter disciplina ou força de vontade, o fato de você ser muito ansiosa, faz com que aja como? Quando você não tem disciplina e está ansiosa, o que você faz? Reflita sobre isso sem medo de julgamentos.

Pode ser que você chegue em casa à noite e, em vez de cozinhar, coma o que tem pela frente – como eu já fiz na época da faculdade de Direito, em que comia macarrão instantâneo ou biscoitos no jantar. Você pode identificar, ao longo desse processo, que não deixa de consumir alimentos não saudáveis, mas que os ingere em grande quantidade.

O que eu quero que perceba agora é que, se hoje você sabe que comer pão com presunto e queijo à noite e tomar refrigerante atrapalha o emagrecimento, vai ter que mudar esse hábito de uma vez por todas.

Mas você precisa ter clareza sobre toda a situação que está vivendo. Eu acredito que ninguém consegue chegar a algum lugar ou alcançar algo sem um diagnóstico claro de onde está no momento.

É isso que quero que você faça. Portanto, faça uma lista com base na sua rotina, nos hábitos e comportamentos que te impedem de emagrecer. Mas quero que feche os olhos, que respire profundamente algumas vezes, se conecte com você mesma e se observe, vendo tudo aquilo que está te impedindo de emagrecer.

Agora, vamos para a parte prática: quero que você responda, aqui mesmo, no livro:

Por que está acima do peso?

Com essa consciência, quero que responda o que precisa fazer para emagrecer. Quando pergunto o que você precisa fazer, talvez a sua resposta seja "eu preciso ter mais foco, mais disciplina", mas não é esse tipo de resposta que quero.

Espero que dê respostas práticas e precisas sobre o que precisa ser feito. Respostas que combatam os hábitos e comportamentos que te trouxeram até aqui. Também não quero que se questione se você terá disciplina ou força de vontade para fazê-lo. Pode ser que tenha dificuldade de escrever o que deve ser feito porque já tentou fazer outras vezes e não deu certo. Mas quero apenas que escreva o que sabe que deve ser feito, sem questionar se será, ou não, capaz de colocar os pontos em prática. Vou dar alguns exemplos para esclarecer o que falo.

Vamos voltar ao caso da Camila. Ela não conseguia emagrecer por dois fatores principais: a falta de exercícios e o excesso de comida à noite. O que Camila precisava fazer de forma prática para resolver o problema?

Por que está acima do peso? "Sedentarismo."

Qual a solução? "Fazer exercícios."

Como farei isso? "Vou à academia quatro vezes na semana, às terças-feiras, quintas-feiras, sextas-feiras e domingos. Nos dias úteis às 19h e, aos domingos, no final da manhã."

Por que está acima do peso? "Por chegar em casa após o trabalho com muita fome e comer mais do que o meu organismo necessita."

Qual a solução? "Fazer um lanche antes de sair do trabalho para não chegar em casa com tanta fome."

Como farei isso? "Vou levar para o trabalho uma opção de lanche para comer no final do expediente."

Veja que estamos apenas trazendo à tona quais são os problemas e como resolvê-los de forma prática. Ao longo do livro, vamos falar sobre como ser capaz de fazer melhores escolhas; vou oferecer ferramentas para que seja capaz de lidar com seus desafios e emagrecer.

No caso da Camila, o que foi preciso fazer para solucionar o problema foi sair do trabalho no horário e se exercitar, ou, mesmo não saindo no horário, ir à academia e não comer demais à noite.

O que você precisa fazer para emagrecer? Qual a solução?

Como farei isso?

MOTIVAÇÃO PARA EMAGRECER: QUAIS SÃO SEUS REAIS MOTIVOS PARA INICIAR ESSE PROCESSO?

Quem dá início ao Método Magra para Sempre jamais se esquece do dia em que decidiu emagrecer. Eu coleciono histórias que me fazem ter a certeza de que estou ajudando mulheres a mudarem a trajetória de suas vidas, criando novos roteiros, novas possibilidades.

A história da Flávia me marcou muito. Uma história ligada às relações sexuais com o marido. Era uma dor muito grande para ela estar acima do peso porque aquilo impossibilitava que, fisicamente, houvesse posições sexuais que dessem prazer a ambos.

Com os resultados do Método, essa mulher trouxe um dos relatos mais surpreendentes e comoventes que eu já tinha escutado. Ao perder peso, ela não perdeu apenas a vergonha de tirar a roupa diante do marido, mas fez algo que nunca tinha sido possível nos seus dez anos de casamento.

Para você ter uma ideia de como isso foi impactante, vou explicar desde o começo: em dez anos de casada, seu marido jamais tinha conseguido abraçá-la durante o sexo. Isso porque seus braços não conseguiam dar a volta em seu quadril.

Ela queria perder peso porque ficava excitada com certas posições sexuais, que eram impossíveis para o casal executar. Além de se sentir desajustada com o corpo, fisicamente não havia como sentir prazer em determinadas posições.

Conforme foi emagrecendo, começou lentamente a modificar esse padrão, até o dia em que conseguiu ter a tão sonhada relação. Nua diante do marido, o corpo dela se encaixou no dele enquanto ele a acariciava. Ao sentar em seu colo, de frente para ele, ela finalmente pôde sentir as mãos do marido chegando no seu bumbum. Ele acariciava e apalpava suas coxas, seu bumbum, e sentir a mão do marido ali gerava mais do que uma simples sensação de prazer provocada pelo tato. Era uma sensação de vitória. O orgasmo veio como uma consequência do prazer que ela teve naquela relação. Feliz com seu corpo e com a satisfação de ambos, ela gozou como nunca tinha gozado. Era o ápice do desejo e da conquista. Ela não estava apenas com um corpo que possibilitava que fizesse sexo com o marido da maneira que desejava. Ela estava com o corpo que lhe permitia sonhar em fazer aquilo que quisesse. Um corpo que era capaz de realizar sonhos, desejos, de proporcionar prazer a ela e ao companheiro. Um corpo do qual não se envergonhava. Um corpo que ela podia habitar, sem medo.

Essa era a razão dela e cada uma de nós tem a sua.

Todas sabemos o que podemos ganhar com processo de emagrecimento. Os ganhos visíveis podem ser mensurados na balança, na saúde, na disposição, no espelho, naquela calça que não servia há anos, mas existem outros motivos que só você sabe no seu íntimo.

Sempre digo que emagrecer está muito além do peso. No fim, não é ter um corpo magro que a fará feliz, mas o que você irá realizar com ele, o que vai voltar a experimentar com o emagrecimento. No caso dela, foi um orgasmo generoso, com muito toque, mãos, presença. Uma vida sendo retomada. Uma relação sendo resgatada.

Ter um corpo com peso saudável é essencial para a saúde física, para a longevidade, e jamais podemos abrir mão disso.

Digo às mulheres: ame-se, independentemente de quantos quilos tenha, e justamente por se amar, emagreça. Você tem inúmeros valores que estão muito além do seu corpo físico, e isso nada e ninguém tiram de você. Mas você também é um corpo físico. Você vive nesse corpo. E quando está acima do peso, isso não é saudável, você não está sendo amorosa consigo mesma. Então, por amor a você mesma, emagreça!

Uma vez, outra aluna, Thais, me relatou que há anos arrumava desculpas para não viajar para a praia com a família por não querer usar biquíni. Todo ano ela arranjava uma desculpa diferente. E o fato é que aquela situação fazia com que ela se sentisse culpada por privar a sua família daquele lazer.

O fato de estar acima do peso não significa que não possa ir à praia. Garanto que esse julgamento sobre a sua aparência é exclusivamente seu. Inclusive a incentivei a ir à praia com a família naquele ano, se livrar da culpa, expor a sua vulnerabilidade para seu marido e falar a verdade sobre por que não ia à praia, firmando um compromisso com ela mesma de no verão seguinte viajar com o peso que desejava.

Disse a ela para ser gentil consigo mesma, não se punir deixando de ter momentos felizes com pessoas que amava, por estar acima do peso. Ressaltei que as pessoas realmente importantes para ela (sua família e amigos próximos) a amavam independentemente do seu peso, que essas pessoas sabiam exatamente o valor que ela tinha e que os outros não estavam realmente tão preocupados com o peso e a aparência de uma desconhecida. Além disso, aquelas outras pessoas só eram capazes de ver um corpo físico e não de avaliar quem ela era de verdade.

Foi isso que ela fez a partir de então. Thais foi para a praia com a família e alguns amigos próximos. Nos primeiros dias, teve a sensação de que as pessoas estavam sempre olhando para ela. Depois, percebeu que as pessoas não estavam preocupadas com o seu peso. Que a crítica e o julgamento partiam dela própria. E, dessa forma, nas férias, ela passou a se exercitar, caminhando e correndo na areia, passou a se alimentar de maneira saudável naqueles dias que se seguiram, abrindo as exceções que ensino no Método.

Naquelas férias, além de não engordar, ela perdeu 2 quilos. E hoje, 15 quilos mais magra, não se esconde mais de si mesma.

Muitas vezes, quando pergunto a uma mulher por que quer emagrecer, ela se surpreende com a minha pergunta, como se fosse algo óbvio e a pergunta não tivesse sentido.

Mas tem. Muitas vezes você acha que precisa emagrecer simplesmente porque ser magra é um padrão de beleza que quer seguir. Eu garanto: se está lendo este livro, certamente existem muitos outros motivos para querer emagrecer.

O que quero que faça é que olhe para dentro de você e perceba quais são seus reais motivos para iniciar esse processo.

Quais as suas dores, o que gostaria de fazer e não faz por estar acima do peso. Tenho alunas que relatam que não conseguem usar certas roupas ou comprar peças que gostariam de usar. Algumas sentem a dor de sempre levar peças para o provador e devolver todas elas às vendedoras com a frustração de nenhuma servir.

Esses dias, Ana Paula, uma amiga pessoal, me contou que quando estava acima do peso somente comprava calças que esticassem, por serem mais confortáveis quando se está tentando emagrecer, e por essas peças acompanharem o seu aumento de peso. Após emagrecer, ela se sente realizada por poder voltar a comprar e usar calças *jeans*.

Você percebe que é uma dor muito grande não poder escolher a própria roupa, mas ser escolhida por ela?

Minhas alunas adoram postar na nossa comunidade no Facebook as fotos usando as roupas que conquistaram com o processo de emagrecimento. Muitas vezes roupas que estavam guardadas há anos e que, lá no fundo, ainda tinham esperança de usar.

Só que as dores estão muito além do tamanho do vestuário. Muitas mulheres se entristecem por se afastarem dos seus companheiros, da intimidade, por estarem acima do peso. Outras se dizem sem confiança na carreira. É muito comum o relato de não terem energia para as atividades do dia a dia, pois o excesso de gordura corporal é mais um peso a ser carregado.

Muitas testemunham o medo e a aflição das patologias relacionadas à obesidade, como diabetes, hipertensão, dores na coluna, nos pés, joelhos e tornozelos.

Certa vez, uma aluna relatou o quanto estava feliz por conseguir realizar algo tão simples, mas que há tempos não era capaz de fazer: sentar-se no chão para brincar com os seus filhos. O excesso de peso, especialmente a circunferência abdominal, a impedia de algo que para a maioria das mães é tão natural, e que para ela era um desafio.

Portanto, quero convidá-la a fazer um exercício: tome consciência de tudo que vai ganhar com o processo de emagrecimento. Inicialmente vamos trabalhar os seus ganhos por emagrecer.

Talvez esse seja um dos momentos mais importantes do seu processo. Se, neste momento, não pode fazer essa atividade com consciência e tranquilidade, minha sugestão é que reserve um momento do seu dia para isso. Que fique alguns minutos sozinha, num lugar tranquilo e sem interferências para fazer esse exercício.

Muitas mulheres me dizem que não se sentem motivadas para emagrecer, que para isso procuram histórias de sucesso de outras mulheres, mas não sabem dizer por que, apesar de acharem aquelas trajetórias incríveis, não conseguem se manter motivadas.

Vou contar a você por quê: as outras pessoas não te motivam. As pessoas te inspiram. Todas as histórias de sucesso deste livro vão servir de inspiração para você. Elas podem reforçar a crença de que emagrecer é totalmente possível e que, se outras pessoas já foram capazes de realizar esse feito, você também é. Mas escute bem o que vou te dizer agora: a motivação só pode vir de você. Os seus reais motivos para emagrecer devem ser a sua motivação daqui para a frente.

Espero que realmente se dedique a esta atividade. Vamos lá, fique numa posição confortável! Respire lenta e profundamente algumas vezes para que se conecte com a sua essência. E visualize, observe quais serão os seus ganhos por eliminar o excesso de gordura corporal. O que vai voltar a fazer, o que nunca se deu a oportunidade de experimentar e será possível quando emagrecer. Perceba como irá se sentir. Veja como será tudo a sua volta quando estiver com um peso saudável. As pessoas que estarão com você, o que estará fazendo, como estará vestida. Visualize o seu semblante, a sua energia. Observe a sua saúde. Feche os olhos, respire, se conecte com você mesma, visualize e depois escreva:

Quais são seus reais motivos para emagrecer?

O QUE VOCÊ PERDE POR EMAGRECER?

Sempre temos ganhos em tudo que fazemos, por mais que os resultados muitas vezes não sejam o que esperamos. Sempre fazemos ou deixamos de fazer algo porque nos beneficiamos com isso. E, para emagrecer, você terá que mudar comportamentos e hábitos que te trazem, sim, muitos ganhos e prazeres.

Pense no quanto você gosta de ficar na cama pela manhã. Quantas vezes você desliga o alarme do despertador, que você tinha acertado porque pretendia se exercitar, mas acaba escolhendo ficar mais tempo na cama?

Aqueles *happy hours* com os seus amigos, regados com bebida alcoólica e rodízio de salgadinhos.

E aqueles doces que você ama, que realmente terá que deixar de comer com a frequência que o faz agora? Sem falar naqueles dias que chega em casa estressada e se senta diante da televisão com um belo prato de comida, e isso te faz muito bem.

Podemos aqui falar de ganhos mais profundos, como se sentir protegida num corpo com excesso de gordura, por já ter sido vítima de abuso sexual. Ou ganhos por perceber que as pessoas estão sempre próximas de você, por perceberem que você está infeliz acima do peso.

Paula é uma aluna que vive com a mãe, filha única de pais separados. Mãe e filha, desde a separação, são muito ligadas, não têm muitas outras pessoas em suas vidas. Por não trabalhar fora de casa, sua mãe adorava fazer doces e todo tipo de guloseima para agradá-la. A sua luta para emagrecer era árdua, Paula já estava 25 quilos acima do peso. E parecia que, quanto maior seu empenho para emagrecer, mais a sua mãe fazia tudo o que ela adorava comer. Ao chegar do trabalho, ela encontrava bolos ou tortas salgadas, às vezes ambos, para que

Paula pudesse levar as sobras dessas delícias para o trabalho no dia seguinte. Aliás, seus colegas de trabalho adoravam os lanchinhos que ela levava;, ela estava sempre rodeada de pessoas ansiosas para ver qual era a delícia do dia.

Para emagrecer, Paula teria que romper com tudo aquilo. Mas ela dizia que não conseguia, e por mais que se esforçasse, não era capaz de quebrar aquele ciclo.

Perceba que ela estava numa teia emocional que lhe proporcionava muitos ganhos e, além disso, comer tudo aquilo lhe dava muito prazer.

Ela teve que entender que teria muitas perdas ao emagrecer – a primeira delas era o próprio prazer de comer. Depois, passou a perceber que preparar aquelas comidas para ela era uma forma que a mãe encontrava para expressar seu amor. Ela teria que enfrentar o fato de perder essa demonstração de amor, e que sua mãe teria que buscar outra forma de manifestá-lo, mas, até lá, essa seria mais uma perda. Ela entendia o quanto era prático chegar em casa e encontrar comida sempre pronta e, quando ela pedia para a mãe não fazer aquelas guloseimas porque estava de dieta, sua mãe não fazia outra opção e ela precisava preparar o próprio jantar.

Ela também iria perder o carinho dos colegas, que adoravam estar ao seu redor quando ela levava os doces para o trabalho.

Veja quantas perdas para seguir com o processo de emagrecimento. Observe como você pode ter ganhos por manter hábitos e comportamentos que te fazem ganhar peso e que te impedem de emagrecer.

A minha experiência me mostra que muitas das pessoas que não avançam no processo de emagrecimento são as que se recusam a enxergar esses ganhos e consequentemente escolher abrir mão deles.

Tão importante quanto os seus reais motivos para emagrecer é descobrir o que irá perder para isso, pois, acredite, terá perdas.

O que acontece é que as pessoas julgam os comportamentos como certos e errados. Você pode até dizer que era errado Paula receber atenção dos colegas de trabalho por causa da comida, que isso não é legal. Que não é certo desligar o alarme do despertador e voltar a dormir. Tudo isso é apenas julgamento. Não há certo ou errado, o que existe é a forma como a pessoa está escolhendo viver naquele momento, e não há nada de errado nisso. Mas a questão é que você pode escolher viver diferente e ter outros ganhos.

Sem qualquer juízo de valor, sem julgamento, quero que escreva tudo que irá perder ao seguir com o seu processo de emagrecimento.

O que vai perder se seguir com seu processo de emagrecimento?

2

A TOMADA DE DECISÃO PARA EMAGRECER

Um domingo à noite eu estava sozinha em casa, após um final de semana no qual tinha comido muito. Estava arrasada por mais uma vez eu ter sido "vencida" pela comida. Não suportava mais aquela sensação de fracasso e derrota que me invadia todos os domingos.

Diante daquela sensação, o que mais parecia me confortar era comer algo novamente.

Eu queria muito emagrecer, não suportava mais olhar no espelho e me reprovar, não suportava as duras críticas que eu lançava contra mim mesma. Mas eu queria, eu precisava comer mais.

Sentei na minha cama e comecei a chorar. Lá, com as pernas dobradas, os braços em volta delas, a cabeça baixa sobre os joelhos, chorei, chorei muito. Já exausta, abri os olhos e me vi no espelho em frente à cama. Ao me enxergar naquele estado, mais um domingo à noite, decidi que aquele seria o dia do meu ponto final. Decidi que nunca mais viveria aquele conflito por estar acima do peso.

Não decidi que iria emagrecer, decidi que seria feliz. Comecei a pensar em todos os meus ganhos por emagrecer, como me sentiria, como seria incrível fazer as pazes com o espelho, parar de me criticar, não ter mais noites de domingo como aquelas. Por outro lado, comecei a pensar no quanto gostava de comer, no quanto adorava aqueles programas de final de semana com os amigos, com muita comida. Como adorava chegar em casa à noite e poder comer o quanto queria.

Mas aquele seria o momento de decisão. Escolheria se queria continuar comendo daquela forma e, mesmo estando acima do peso, iria parar de me julgar e me criticar. Se iria aceitar o fato de que na minha família a maioria das pessoas acabava ganhando peso e que comigo também seria assim. Ou se tomaria a decisão de mudar meus hábitos alimentares, meu comportamento, e emagreceria, sem dor, sem achar que eu era uma vítima que não podia comer "nada", que tudo me fazia engordar. Decidi primeiro que escolheria ser feliz de qualquer forma.

Olhei fixamente para mim no espelho e disse: "vamos, Karina, tome uma decisão, chega desse sofrimento, dessa angústia. Você não precisa ser magra, mas precisa estar feliz, e esse conflito não está permitindo que seja feliz. Chega! Vamos dar um basta nisso, tome uma decisão: ou se sinta feliz por comer o que quiser, o quanto e quando quiser, ou decida escolher mudar esses hábitos e emagrecer. Vamos, faça a sua escolha, pois ela será definitiva".

Escolhi emagrecer. Percebi que comer tudo o que queria não me fazia feliz, comer me dava prazer, o que é muito diferente de ser feliz.

Percebi que queria estar bem com a minha saúde, queria ter um corpo com o peso saudável. Queria usar as roupas que desejasse, queria parar de me criticar, queria, na verdade, fazer as pazes comigo mesma.

Emagreci e esse foi o final de uma história que começou nos primeiros anos da faculdade de Direito, que vou compartilhar com vocês mais tarde.

EU DECIDO SER MAGRA

É exatamente o que fiz naquele domingo à noite que quero que você faça agora. Quero que tome a decisão de ser feliz.

Entenda isto: estar acima do peso não te faz uma pessoa infeliz, mas certamente diminui o seu nível de felicidade. Temos várias áreas na vida que nos são fontes de satisfação e felicidade e, quando uma delas não está bem, há um desequilíbrio. Você pode estar feliz com a sua carreira, com o seu relacionamento, mas se não estamos em pleno estado de saúde e de conexão com o nosso corpo físico, isso diminui o nosso nível de satisfação e felicidade.

Quero que faça esse mesmo exercício que fiz naquele domingo. Olhe para os seus motivos para emagrecer, veja os seus ganhos, a satisfação que isso pode te dar. Mas observe as suas perdas, do que terá que abrir mão para emagrecer, perceba como também tem ganhos por estar acima do peso.

Olhe para tudo isso, olhe com amor e sem julgamentos e tome uma decisão, faça a sua escolha.

Seja qual for ela, acolha essa decisão com respeito.

Se optou por emagrecer, quero que essa decisão de mudança seja forte e poderosa.

Observe o conflito que viveu até aqui e diga para você que esse conflito chegou ao fim. Quero que externalize isso.

Fale em voz alta, verbalize, grite esse desejo de forma intensa e entenda que, a partir de agora, você tomou uma decisão, portanto, esse dilema acabou. Esse problema não existe mais porque você decidiu emagrecer.

Talvez você esteja se perguntando: "Karina, por que preciso gritar?".

Tanto no meu curso online quanto nas palestras que dou, peço para que as mulheres gritem essa decisão porque gritar gera uma emoção e toda mudança acontece por forte impacto emocional, ou por repetição.

Quero criar esse impacto emocional em você. Grite, coloque para fora essa decisão. Pode celebrar também. Coloque uma música que goste para tocar, dance, pule e diga: eu escolho viver diferente, eu escolho uma vida diferente, escolho ser saudável, eu decidi ser magra. Repita: Eu sou magra e saudável.

Agora, crie uma frase poderosa no afirmativo e no presente para que você sempre possa repetir para confirmar a sua decisão.

Quando decidi emagrecer, eu preenchi várias folhas de caderno com uma frase que, acredite, até hoje repito pra mim mesma. Eu escrevia e me dizia sempre: *eu sou magra e saudável, eu me nutro de alimentos saudáveis.*

Quero que crie a sua frase poderosa, mas essa frase tem que ser no presente e uma afirmação. Não pode ser "eu serei magra" ou outra frase que a faça pensar em uma situação futura.

3

PENSAMENTOS SABOTADORES E CRENÇAS QUE TE IMPEDEM DE EMAGRECER

Nenhum pensamento mora
de graça na cabeça de ninguém.
Você pagará pelos seus pensamentos.
ROBERT G. ALLEN

PENSAMENTOS SABOTADORES

Daqui pra frente vamos trabalhar os pensamentos negativos, porque eles serão os primeiros a tentar atrapalhar o seu processo de emagrecimento.

Todo pensamento gera uma emoção, que gera uma ação, então precisamos controlar o que pensamos e isso é fundamental para você. É sempre melhor pensar em coisas que te ajudem, que te deem suporte e te levem aonde quer ir.

Muita gente me pergunta: "Karina, esse pensamento me acompanha há anos. Como vou mudar do dia para a noite?".

A resposta é simples: é um exercício. Você treina a sua mente para pensar diferente para que você possa agir de forma diferente.

Lembre-se: a sua mente precisa de comandos que te levem para aonde quer ir. Se você não dá o comando, ela toma a decisão que quer e, em geral, a decisão da mente é te deixar na zona de conforto, deixar tudo como está. A mente não quer que você vença, ela quer que você sobreviva.

A mente é primária, ela só quer que você viva. Ela não quer que você tenha sucesso. Você precisa dar comandos para sua mente diariamente para ela te levar aonde quer ir.

O pensamento sabotador é aquele que irá fazer com que tenha uma recompensa, um prazer imediato, para te dar conforto.

Se o seu atual padrão de pensamento não te ajuda a mudar os seus hábitos e comportamentos, teremos que mudar o que você pensa sobre si e sobre o processo de emagrecimento.

Se vive dizendo pra si mesma que é uma "gorda indisciplinada", tem que substituir por "eu sou magra, eu sou saudável, sou disciplinada e faço o que precisa ser feito", por exemplo.

Substitua "eu sou preguiçosa e não me exercito" por "eu tenho muita energia, meu corpo é ágil, forte, flexível e eu me exercito".

Quando pensar "eu só como porcaria e nunca vou emagrecer" repita "eu me alimento de forma saudável, eu nutro o meu corpo com alimentos saudáveis, eu sou magra e saudável".

Você não precisa usar exatamente essas frases, deve criar aquelas que façam sentido pra você. O importante é que elas combatam os pensamentos sabotadores e que sejam afirmações no presente, algo que já acontece.

Lá atrás, de forma empírica, eu já percebia o poder de mudarmos o nosso padrão de pensamento. Além de corrigir o meu modo de pensar, eu também escrevia o meu novo raciocínio e comportamento. Escrevi várias folhas de caderno com a frase: "eu sou magra e saudável, eu sou magra e saudável".

Quando você pensa ou fala algo, reúne energia para agir de acordo com o seu discurso. Se quer mudar um comportamento, comece mudando o que pensa e fala sobre você.

Sempre que disser ou pensar algo negativo sobre você, corrija imediatamente a sua fala ou pensamento.

PENSAMENTOS SOBRE CIRCUNSTÂNCIAS E ROTINA

Além de ter pensamentos sobre você mesma, existem alguns pensamentos sabotadores que irão te cercar durante a sua rotina, no momento de tomar decisões sobre a sua alimentação e seus exercícios.

É muito importante você descobrir quais são os pensamentos que mais fazem com que suas escolhas não sejam favoráveis ao seu processo.

Quem, após uma rotina cansativa e estressante de trabalho, ao chegar em casa, nunca pensou "eu mereço comer"? Ou, ao se deparar com a sobremesa do bufê do seu restaurante de todos os dias, disse "só uma não tem problema".

Marina estava 28 quilos acima do peso e todos os dias almoçava com os colegas de trabalho num restaurante por quilo. Ela saía da empresa na hora do almoço com a ideia de comer apenas alimentos saudáveis que também estavam disponíveis no bufê.

Mas ao chegar lá, ao se deparar com massas, frituras e sobremesas, ela acabava rodando em sua cabeça a mesma história, que sempre começava com um pensamento: "só hoje vou comer". Em poucos segundos sua mente a bombardeava com histórias: "hoje o seu dia será longo, será que amanhã terá isso aqui, a vida é tão curta para que nos privemos do que gostamos, vamos todos morrer mesmo, nunca vou emagrecer, por que não vou comer?".

Assim, dia após dia, Marina comia "só hoje". E, ao chegar em casa à noite, ela continuava comendo, pois já tinha feito tudo errado mesmo, então tinha outro pensamento sabotador: "vou comer e amanhã recomeço".

Outro pensamento sabotador clássico é o "só um não tem problema". Só um pedaço a mais, só uma fatia a mais, só um prato a mais, só um docinho a mais e muitas vezes você segue, dia após dia, comendo um a mais. Muitas mulheres me relatam que não entendem por que não emagrecem, se fazem tudo certo, mas elas se esquecem de cada um a mais que acabaram comendo e que atrapalharam o emagrecimento. E acredite, elas não contabilizam esses a mais. É como se esses a mais não fizessem parte da sua alimentação.

Muitas vezes, do ponto de vista fisiológico "comer só um" não será algo que realmente irá atrapalhar o seu processo de emagrecimento. Do ponto de vista do valor energético, comer um bombom de 150 calorias não fará muita diferença. Mas qual é o problema? A questão é que isso pode te gerar frustração e um novo pensamento sabotador, ou até mesmo uma sequência deles.

Você pode vir a experimentar uma sensação de derrota. Vai dizer: "Poxa vida, mas eu não consigo vencer um bombom? Eu sou um fracasso". E disso decorre: "Já comi um a mais, vou continuar comendo". E, por fim, isso reforça a sua crença (vamos falar logo mais sobre as crenças) de que nunca conseguirá emagrecer.

Afastar esses pensamentos pode ser essencial para que conquiste algo fundamental e se mantenha no processo: fortalecer os seus "músculos da vitória".

Quero que passe pela experiência de estar diante de um alimento ou uma refeição não programada e, quando começar a ser bombardeada por pensamentos sabotadores, você os supere. Você irá perceber o quanto se sentirá vitoriosa e poderosa para prosseguir, o quanto vai começar a reforçar a crença de que emagrecer é sim possível.

No curso do Método Magra para Sempre, que é meu curso online de emagrecimento feminino, no qual ensino as alunas a perderem peso de forma definitiva, mantemos também um grupo no Facebook, e nesse grupo é muito comum as alunas postarem que chegaram de um evento, de uma festa ou de um encontro:

> *Olá, lindezas! Quero compartilhar que ontem fortaleci o meu "MÚSCULO DA VITÓRIA". Sábado fui a uma festinha e comi bolo, foi a minha refeição fora do cardápio. Aí ontem fui visitar uma amiga e ela tinha feito bolo de chocolate e me ofereceu, eu disse que ia recusar porque já tinha comido o doce da semana (ela sabe do meu processo de emagrecimento), ela ainda insistiu e, mesmo estando com vontade, fiquei firme e não comi.*
>
> ELENICE NEGRÃO
> aluna do Método Magra para Sempre no grupo do Facebook

Veja que, em poucos minutos, você pode estar feliz celebrando a vitória por ter resistido a algo que não estava previsto na sua alimentação ou pode estar se sentindo fracassada e frustrada por não ter resistido. Isso faz muita diferença no seu processo.

Quero que você também fortaleça os seus "músculos da vitória" e reforce a crença de que emagrecer é possível.

Eu não sei quais pensamentos sabotam o seu processo, mas você precisa conhecê-los para combatê-los. Agora quero que pare e reflita um pouco sobre o que você pensa e diz para sabotar o seu processo.

Visualize momentos em que você está diante de um alimento não programado no seu planejamento e que tipos de pensamentos que você tem que te levam a comer.

Quando diz que vai se exercitar, quais pensamentos normalmente te convencem a não ir? "Estou cansada", "amanhã eu começo", "já não fui ontem, não vou hoje", "pra que fazer exercícios?"

Visualize as cenas, vivencie esses momentos e anote os seus pensamentos sabotadores.

Existem muitos deles, vou te apresentar esta lista para te ajudar a encontrar os seus:

Eu mereço comer;
Eu preciso comer isso;
Eu preciso de um doce;
Só um não tem problema;
Só hoje;
Eu não me importo;
Amanhã recomeço;
Eu já fiz tudo errado hoje, vou continuar comendo;
Eu sou um fracasso;
Faço tudo errado;
Amanhã pode não ter mais;
As pessoas vão me criticar;
As pessoas vão me achar chata;

Pensamentos sabotadores: quais são os seus?

Agora que já sabe quais pensamentos te rondam e te sabotam, será mais fácil vencê-los.

Nas próximas páginas apresentarei a você algumas ferramentas para combater seus pensamentos sabotadores.

CARTÃO DE COMBATE E MANTRA

Você tem duas ferramentas neste capítulo para te ajudar com os seus pensamentos sabotadores, o cartão de combate e o mantra.

O seu cartão de combate será a sua arma contra os pensamentos sabotadores, sempre que eles vierem a sua cabeça, você deve usá-lo.

O cartão de combate será elaborado a partir da lista dos seus reais motivos para emagrecer. Você fez uma lista com tudo o que irá ganhar ou deixar de sofrer quando emagrecer. Foram os seus motivos para iniciar esse processo, e que te levaram a tomar a decisão de emagrecer.

Para fazer o cartão, quero que pegue a sua lista e extraia dela os cincos principais ganhos que terá quando emagrecer, aquilo que considera mais importante.

O cartão está disponível para download no meu site: metodomagraparasempre.com.br/livro

Esse cartão sempre deverá estar com você. Na sua bolsa ou na sua agenda, na sua cabeceira. Você pode fazer uma ou mais cópias dele.

Quero que leia esse cartão todos os dias. Entenda, se você está lendo este livro, certamente emagrecer é algo importante para você. E se é importante por que você para no meio do percurso? Muitas vezes é porque você se esquece por que começou, esquece os seus motivos. E se você esquece os seus motivos, pode não fazer sentido você fazer renúncias alimentares, preparar refeições saudáveis e se exercitar. Todos os dias precisa se lembrar das suas razões pra ter começado essa jornada.

Escolha uma hora do dia para fazer isso. Talvez ao acordar, antes ou após a sua oração diária, se tiver esse hábito, antes de dormir. Se tiver dificuldade para se lembrar, pode também colocar um alarme no seu celular.

Daqui para frente, você deve usá-lo sempre que tiver pensamentos sabotadores. Se eles começarem a despertar, use o seu cartão. Vá a um lugar reservado e leia, num cantinho, ou se já souber suas razões sem precisar ler, repita mentalmente para afastar os pensamentos sabotadores.

Marina, que comia no restaurante por quilo e todos os dias tinha o pensamento sabotador "só hoje", o venceu usando o seu cartão de combate.

Antes de entrar no restaurante, ela retirava o cartão da carteira, respirava fundo três vezes e lia o seu cartão. Observe que, na verdade, o que ela fazia era se lembrar que, ao fazer renúncias alimentares diárias, o que estava criando era a oportunidade de ter satisfação futura e se sentir mais feliz. Dessa forma, dia após dia ela passou a fazer melhores escolhas na hora do almoço e, ao chegar em casa à noite, com o "músculo da vitória" fortalecido, ela mantinha a sua alimentação saudável no jantar. Assim, os pensamentos sabotadores "já que fiz tudo errado vou continuar comendo e "vou comer e amanhã recomeço" não tinham mais espaço em sua vida.

Durante o processo de escrita deste livro, Marina já contabilizava 25 quilos a menos.

Quando você pensar: "eu mereço comer", olhe o seu cartão e veja o que está escrito nele e o que realmente merece, e repita, por exemplo: "eu mereço não sentir dores no meu corpo", "eu mereço poder escolher as roupas que quero nas lojas", "eu mereço sentar no chão e brincar com meus filhos", "eu mereço...".

Se você tem o pensamento sabotador "eu não me importo", diga: "eu me importo, sim, eu me importo em ter mais energia, eu me importo em ter um corpo saudável".

Sempre use as frases do seu cartão para combater pontualmente cada pensamento sabotador.

O mantra também vai ajudá-la nesse processo. Mantra é um novo padrão de pensamento que você vai criar para repetir todos os dias após ler o seu cartão de combate.

Não há nada de místico em relação ao mantra, ele apenas é uma frase poderosa que você irá usar para fortalecer o seu novo padrão.

Deve ser uma frase afirmativa e que traga para o presente aquilo que você espera que aconteça no futuro.

EXEMPLOS DE MANTRAS:

Eu sou magra e saudável;
Meu corpo é saudável, forte e flexível;
Meu corpo é magro e saudável, eu me nutro de alimentos saudáveis;
Meu corpo é cheio de energia e vitalidade, eu sou magra e saudável;
Minha alimentação é saudável, eu nutro o meu corpo e ele é magro e saudável;
Eu sou gostosa e saudável (este copiei de algumas alunas)*;*
Eu me amo, sou magra e me nutro de alimentos saudáveis;
Eu faço escolhas saudáveis e me exercito, eu sou magra e saudável.

O seu mantra deve realmente fazer sentido para você. A única condição que deve ser respeitada é que seja uma frase afirmativa e no presente.

Vamos lá, escreva o seu mantra no final do seu cartão de combate.

CRENÇAS SOBRE VOCÊ E O PROCESSO DE EMAGRECIMENTO

Outro desafio de quem quer emagrecer é perceber as suas crenças sobre o processo de emagrecimento e, a partir disso, reformulá-las.

Crença é uma convicção de que algo é verdadeiro ou certo. E é importante deixar claro que crença não tem nenhuma relação com religião. Não é nada disso que estou falando. A crença é o seu jeito de enxergar o mundo e seu funcionamento.

Precisamos verificar o que você tem como certo em relação ao processo de emagrecimento.

A primeira crença a ser verificada é se você acredita, de verdade, que é capaz de emagrecer. Se você vem de uma longa história de tentativas de emagrecimento sem sucesso, talvez você não acredite que seja capaz de emagrecer. Se você nunca se viu num corpo saudável por estar acima do peso desde a infância, talvez tenha a crença de que não seja possível emagrecer.

Para você conquistar algo, o primeiro ponto é acreditar que aquilo é possível, que aquilo já foi conquistado por outros e que pode ser por você também.

Certamente, você conhece alguém que conseguiu emagrecer, isso deve reforçar a sua crença de que emagrecer é possível. Pessoas são capazes de emagrecer.

Agora, quero que verifique isso em você, se acredita realmente que pode emagrecer. Observe isso em você!

Hoje, está cada vez mais comum as pessoas não acreditarem ser possível emagrecer apenas com um novo modo de se alimentar e atividade física. Acreditam que as pessoas até sejam capazes de emagrecer muitos quilos, mas que isso somente pode ocorrer com o uso de remédios, de balão gástrico ou intervenção cirúrgica.

Se uma pessoa não consegue acreditar que outros são capazes de emagrecer, ela jamais irá acreditar que ela mesma possa ser capaz.

Portanto, se você não acreditar de verdade que é capaz de emagrecer, possivelmente não emagrecerá mesmo.

Pensamos, falamos e agimos para confirmar as nossas crenças. Se você tem a crença de que somente é possível emagrecer com o uso de medicamentos e não fizer uso deles, irá se comportar de forma que não emagreça para confirmar essa crença.

Se você tem alguma dúvida de que é capaz de realizar algo, não agirá inteiramente para que se torne realidade. Veja como isso se torna inconsistente em sua vida, você vai agir para tornar real algo que não acredita que irá acontecer? Não, você não vai!

Imagine: você irá criar novos hábitos, se exercitar, preparar as suas refeições, aprender a comer de maneira diferente se souber que isso tudo não irá funcionar e que você não irá emagrecer?

Você vai desistir do seu processo quando tiver o primeiro desafio, vai desistir quando tiver o primeiro deslize na sua alimentação ou quando o peso da balança passar alguns dias sem baixar, pois as suas crenças vão te dizer: "Não sou capaz de emagrecer, nunca vou emagrecer, é impossível emagrecer".

Além disso, muitas vezes você irá agir para confirmar a sua crença, irá se alimentar de forma não saudável e deixar de se exercitar para confirmar a sua crença. Talvez você não entenda por que, apesar de querer emagrecer, você come o que não estava previsto, come mais do que precisa. Muitas vezes o que está fazendo é tão somente agindo para confirmar a sua crença de que não é capaz de emagrecer.

Em outras áreas da vida também podemos confirmar isso. Quando uma mulher, por exemplo, pela sua história familiar e pessoal e até pelo seu círculo de amigos, tem a crença de que "homens não prestam", ela sempre irá se aproximar de "homens que não prestam" para reforçar a sua crença. Quando um homem incrível surgir em sua vida, ela dará um jeito de afastá-lo, pois caso ela se relacione com ele, estará contrariando a sua crença de que "homens não prestam".

Por muito tempo acreditei que não sabia escrever e isso sempre foi motivo de grande sofrimento em minha vida, tanto que, muitas vezes atrapalhou o meu desenvolvimento profissional.

Não sei ao certo quais as razões da minha mãe, mas hoje sei que o que ela fez foi dentro de suas possibilidades e de acordo com aquilo que ela acreditava ser certo e o melhor que ela poderia fazer naquele momento com o seu conhecimento e sua história de vida. Muitas vezes, quando era criança e chegava em casa feliz por ter tirado nota alta numa prova, como um 10, minha mãe olhava minha prova e me dizia: "Como pode ter tirado 10, se tem tanta coisa escrita errada? Como pode a sua professora ter dado essa nota?". E minha mãe passava a criticar os meus professores, dizendo que era um verdadeiro absurdo.

Aquilo passou a criar em mim a certeza de que não importa o quanto digam que o que fiz foi incrível, está cheio de erros, está escrito errado. Isso passou a ser uma crença em minha vida: eu não sei escrever.

Entrei para uma universidade pública de Direito, fiz provas dissertativas (naquela época a segunda etapa do vestibular era escrita e não de múltipla escolha), de redação, mas ainda assim não era capaz de me convencer de que eu sabia escrever.

Passei toda a faculdade de Direito com vergonha do que eu escrevia.

Mais tarde, na vida profissional como advogada, continuava a ter vergonha das peças jurídicas que eu redigia, mesmo as pessoas dizendo que eu era uma ótima advogada, que criava em minhas petições excelentes teses e com os resultados obtidos para meus clientes.

Há um momento marcante em minha vida, em que essa crença finalmente foi rompida.

Fui contratada para ingressar com uma ação bastante complexa e passei alguns dias debruçada para elaborar uma petição (que é um texto escrito para ingressar na Justiça). E um dos desafios, além de realmente ser uma ação complexa, era vencer a crença de que não sabia escrever.

Finalmente, concluí a petição e a protocolei. Passados alguns dias, me dirigi ao gabinete do juiz para me certificar sobre a decisão de um pedido de liminar e encontrei no elevador seu assessor, que se dirigiu a mim e disse: doutora, li a sua peça. Naquele momento corei de vergonha, pois estava diante de uma pessoa que havia lido o que escrevi. Ele completou a sua frase dizendo: está excelente, uma tese muito bem escrita e articulada.

Para você entender como uma crença limitante pode nos frear e nos impedir de fluir, naquele momento eu dei uma nova interpretação ao que ele havia me dito; para manter as nossas crenças somos capazes de criar histórias e até mesmo de imaginar coisas que as pessoas pensam ou falam sobre nós, mas que foi apenas fruto da nossa imaginação, que não existiu.

Imediatamente pensei essas exatas palavras: "Que babaca, tudo bem que ele tenha achado péssimo o que escrevi, mas precisava ser irônico e debochar de mim?".

Assim, saí do elevador arrasada e com a minha crença sobre não saber escrever fortalecida.

A minha tese foi aceita pelo juiz e tivemos êxito naquela ação.

Passados uns três anos, durante uma mudança, no momento de separar o que jogar fora ou não, me deparei com a tal petição e senti um frio no estômago ao lembrar da cena do elevador. Estava sentada no chão, me levantei, sentei na cama e comecei a ler o que havia escrito. Durante a leitura as lágrimas vieram, senti uma forte emoção, que até hoje, ao escrever este livro, volto a sentir. Comecei a pensar por que durante tantos anos fiz aquilo comigo, por que deixei de escrever - sempre amei escrever - por que me puni me criticando e me achando incapaz de escrever. O texto era fantástico, muito bem desenvolvido. Nesse momento eu chorava compulsivamente, e a voz do assessor soou no meu ouvido: "Está excelente, uma tese muito bem escrita e articulada". Interrompi o choro, sequei as lágrimas e pensei: "Obrigada, aceito o que disse sobre o que escrevi".

Comecei a ter muitas lembranças e me recordar de tantas experiências que haviam me provado que eu sabia escrever: as excelentes notas que sempre tive na escola, meus professores de redação, a aprovação no vestibular, a minha vida acadêmica na faculdade de Direito e tudo que sempre esteve ali, mas que eu escolhia não ver para manter a minha crença limitante.

Assim, a minha crença sobre não saber escrever se desfez.

Uma crença é construída e desconstruída por repetição ou forte impacto emocional.

A minha antiga crença de não saber escrever foi construída pela repetição de ouvir da minha mãe dizer que eu não sabia escrever e desconstruída num momento de forte emoção.

Mas todas as experiências que tive também me auxiliaram a chegar nesse momento, ápice em que a crença foi desconstruída.

Até aquele dia eu nunca havia falado sobre meu sentimento para ninguém. Nunca tinha falado sobre a minha insegurança ao escrever, sobre o que havia me acontecido na infância e como aquilo me fazia sofrer. Pois, para mim, era algo tão verdadeiro, tão real, que não havia nada que pudesse ser feito.

Possivelmente, se tivesse falado para alguém, para uma pessoa em quem eu confiasse e que me amasse, essa pessoa teria me ajudado.

Isso é algo bem importante, se você percebe que tem alguma crença limitante sobre o processo de emagrecimento, compartilhe com alguém. Busque uma pessoa que já teve sucesso no processo de perder peso e fale com ela sobre a sua crença.

Agora, você é capaz de compreender por que em alguns momentos você se comporta de determinada forma durante o processo de emagrecimento, e a resposta pode estar nas suas crenças.

A crença pode ser consciente – você sabe que não acredita que seja capaz de emagrecer – ou pode ser inconsciente, não ter isso de forma clara.

Muitas vezes, ao observar os membros da sua família, estando a maior parte acima do peso, isso reforça em você a crença de que não é possível emagrecer, pois é uma questão de genética. Ao acompanhar as tentativas frustradas de emagrecimento de outras pessoas e as suas, tudo isso reforça a sua crença de que não seja possível emagrecer.

Sendo essa crença consciente ou inconsciente, você precisa reformulá-la para emagrecer.

Primeiro comece afirmando que emagrecer é possível. Afirmar algo não será capaz de mudar uma crença, mas já irá te ajudar a ter pequenas vitórias.

A sua nova experiência com o processo de emagrecimento fará com que comece a se instalar em você a crença de que é possível emagrecer. Sempre que combater os seus pensamentos sabotadores, usando o seu cartão de combate e mantra, que assumir novos comportamentos e fortalecer os seus músculos da vitória, cada pequeno resultado te ajudará a instalar uma nova crença.

Isso se torna uma espiral crescente. O seu poder pessoal em relação ao processo de emagrecimento aumenta cada vez mais. Um novo comportamento, um novo resultado, mais convicção, mais ação, mais resultado... até que finalmente haja uma nova crença instalada.

Sempre digo para as minhas alunas que o processo para emagrecer 1 quilo é o mesmo para emagrecer 40 quilos.

Mas por que uma pessoa é capaz muitas vezes de emagrecer 1 quilo e não consegue emagrecer 40 quilos? Porque ela para de fazer o que fez para emagrecer 1 quilo.

Saiba que, se você já foi capaz de emagrecer 1 quilo, é capaz de emagrecer quantos mais quiser, somente precisa continuar e para isso precisa inicialmente acreditar que é capaz.

Agora eu quero que repita em voz alta: "Eu sou capaz de emagrecer, eu acredito que posso emagrecer...".

Verifique se essa afirmação lhe parece confortável e verdadeira.

Se tiver a percepção de que ser capaz de emagrecer é uma crença para você, ótimo, mas se tiver alguma dúvida, quero que essas afirmações se tornem um mantra em sua vida: "Eu sou capaz de emagrecer, eu acredito que posso emagrecer...".

Depois disso, espero que a cada pequena vitória, a cada comportamento que reforce a sua capacidade de emagrecer, você repita esse mantra para que se torne uma verdade, uma crença.

4

DEZ DIAS DE LIMPEZA NO SEU ORGANISMO

Agora que você já tomou uma decisão forte e poderosa para emagrecer, já sabe quais seus pensamentos sabotadores e como combatê-los, precisamos começar uma limpeza no seu organismo.

Possivelmente para chegar no seu peso atual você vem ao longo dos anos consumindo alimentos não saudáveis. Talvez tenha o hábito de consumir doces, alimentos processados, excesso de pão, bebidas alcoólicas, frituras, refrigerantes, biscoitos, bolachas e chocolates, e isso será um grande desafio para que crie um novo hábito alimentar que te possibilite emagrecer.

Todos esses alimentos que citei acima são muito saborosos. Normalmente, têm em seus ingredientes realçadores de sabor, muito sal e açúcar, gordura vegetal hidrogenada e tudo que pode de estimular o seu paladar e fazer você ter vontade de comer mais.

Além disso, consumir esse tipo de alimento faz com que você tenha dificuldade em sentir o sabor daqueles que são mais saudáveis.

Entendo quando uma pessoa que está há muito tempo consumindo esses alimentos me relata que não gosta de comer frutas ou vegetais porque não é capaz de sentir o sabor – e não sente mesmo. Isso acontece porque as papilas gustativas já não são capazes de discernir o sabor de alimentos sem aditivos alimentares ou excesso de açúcar, sal e gordura.

Muitas pessoas revelam que após fazer uma refeição saudável ficam com a sensação de não terem se alimentado e continuam com vontade de comer.

Mas a boa notícia é que podemos mudar isso. Você pode treinar o seu paladar e voltar a sentir o sabor dos alimentos saudáveis.

Sempre digo que é possível ter prazer à mesa consumindo alimentos saudáveis, mas para isso precisamos passar por dois processos: o primeiro deles é treinar o seu paladar. Quanto menos consumir alimentos não saudáveis, mais sentirá o sabor dos alimentos saudáveis e terá prazer em consumi-los.

O segundo processo é realmente preparar refeições saudáveis e saborosas. Eu não sei ao certo por que as pessoas quando decidem emagrecer passam a comer apenas grelhados, vegetais no vapor e salada de folhas sem tempero. Reduzem drasticamente o sal, não sentem mais prazer em se alimentar e logo desistem de serem saudáveis e emagrecer.

Um dia eu estava num café e encontrei um casal de conhecidos. Ela, que irei chamar de Márcia, veio contar toda animada que o seu marido, João, havia decidido emagrecer. Então, me dirigi a ele e perguntei como estava o processo, e ele me disse com um ar bem triste e desanimado: "Difícil."

Procurei entender a razão daquele ar de desânimo e ele começou a reclamar do que comia.

"Ah, comida de dieta é muito ruim, sem graça e sem sabor, sofrido demais."

Eu continuei investindo na conversa para entender o motivo de tamanha dificuldade. Até que Márcia, toda orgulhosa, começou a me falar das refeições que estava preparando para ele.

Ela dizia:

"Estou fazendo refeições *fit* para ele, com muitas ervas, muitas ervas."

E ele continuava:

"Então, as ervas..."

Ela salientava:

"Muitas ervas e excluí totalmente o sal, pois li numa revista que o sal atrapalha o emagrecimento e que, se usar muitas ervas, dá pra fazer a comida sem sal."

Nesse momento entendi o que estava acontecendo. O sal é a alma da comida, a vida e a morte. Sal demais pode ser ruim para o paladar e para a saúde, mas é ele que faz com que o sabor do alimento se destaque. E comida sem sal realmente deve ser bem ruim.

Com um semblante de alívio, como se finalmente pudesse ser compreendido, ele me disse:

"Sinto arrepios só de pensar nas ervas, pois todos os meus grelhados têm uma crosta delas, mas não têm sabor."

Expliquei para Márcia que poderia utilizar sal nas refeições, em quantidade menor, mas que não era necessário excluir totalmente, e que fizesse outras preparações além de grelhados.

Sentir o sabor dos alimentos é essencial para que você se sinta alimentada e não fique constantemente buscando "algo gostoso" para comer.

Percebo que deixar de sentir prazer em se alimentar é um dos pontos que faz com que as pessoas desistam de mudar os hábitos alimentares e emagrecer.

Inicialmente, o que quero te propor neste capítulo é uma espécie de limpeza no seu organismo nos primeiros dez dias. Esse processo tem algumas finalidades e uma delas é reeducar o seu paladar.

Também quero que nesses primeiros dez dias você tenha uma alimentação riquíssima em nutrientes. Um organismo bem nutrido funciona melhor e é capaz de realizar a oxidação de gorduras do tecido adiposo de forma mais intensa e isso significa perder peso de forma mais eficiente.

Por outro lado, você deverá, nesse período, deixar de consumir alimentos que atrapalhem esse processo de limpeza.

Reconheço que serão dias de bastante restrições, mas quero que se lembre de que serão apenas dez dias, e que eles serão fundamentais para o seu processo. Após esse período, vou te ensinar a fazer as escolhas alimentares que deverá utilizar para sempre. Quero te ensinar o que chamo de dieta de origem, e que deverá ser a base da sua alimentação. Lembre-se, este livro não é sobre uma dieta, mas sobre uma nova forma de se relacionar com a comida. Quando digo dieta de origem, não estou me referindo a um cardápio que você deva seguir, mas a um modo de se alimentar e se relacionar com o alimento, porque o que quero é que você tenha uma relação pacífica com a comida, que na maior parte do tempo consuma alimentos que nutram o seu organismo, mas que possa esporadicamente optar por guloseimas e alimentos não tão saudáveis.

Entenda algo bastante importante: não espero com este livro substituir o trabalho de um nutricionista, não irei te prescrever uma dieta ou um cardápio, o objetivo é trabalhar a sua mentalidade para emagrecer. O que proponho nesta primeira fase é principalmente uma limpeza no seu paladar e no seu organismo, e não a prescrição de uma dieta.

O QUE VOCÊ DEVE OU NÃO CONSUMIR NESSES PRIMEIROS DEZ DIAS

Algo importante é que, se houver possibilidade, você deve consumir a maior quantidade possível de alimentos orgânicos. Sei que muitas vezes você não tem acesso a eles na sua região, ou até mesmo por uma questão financeira. Minha sugestão é que busque na internet produtores de orgânicos na sua região. Faça uma pesquisa e talvez tenha uma surpresa com as opções e preços. Mas, caso não tenha acesso aos orgânicos, isso não a impede de conduzir esse processo de dez dias: faça com os alimentos que tenha disponíveis.

Isto é o que espero que você consuma e não consuma nestes próximos dez dias:

PROIBIDOS:
Refrigerante, bebida alcoólica, suco industrializado, refeições prontas industrializadas, temperos industrializados, leite e seus derivados, carne vermelha, alimentos à base de farinha de trigo, açúcar, doces, biscoitos, bolachas, chocolate, balas, chicletes, mel, açúcar, adoçantes (permitido apenas adoçante à base de estévia, mas você precisa se certificar se é de estévia pura, pois muitas marcas são uma mistura com outros tipos de adoçantes).

SE POSSÍVEL, NÃO CONSUMIR:
Óleo de soja, óleo de milho, óleo de arroz, óleo de canola, óleo de algodão, frango, carne suína, frutos do mar, farinha de tapioca, farinha de mandioca, arroz branco e frutas secas.

ALIMENTOS QUE VOCÊ PODE CONSUMIR:
Peixe, ovos (preferencialmente caipira/orgânicos), frango orgânico, carne suína orgânica, azeite (use para cozinhar, a menor quantidade possível), sal marinho, arroz integral, milho, aveia, todas as frutas, todos os legumes, todas as hortaliças, todos os tubérculos (batata, batata-doce, mandioca, mandioquinha, beterraba, cenoura, rabanete, inhame), leguminosas (feijão, grão-de-bico, ervilha e lentilha), cogumelos, castanhas, nozes, sementes (girassol, linhaça, gergelim), todas as ervas e temperos naturais, chás e café.

Observação sobre o café: Ele pode ser benefício ao seu organismo ou não, e isso irá depender da quantidade. Minha sugestão é que para sempre, não apenas nesse período, você consuma no máximo duas a três xícaras de café ao dia, o que irá corresponder a 300 ml aproximadamente da bebida. Muitas vezes você passa o dia tomando café em busca de energia. Não é ele que lhe proporciona energia, mas sim o alimento. Ao comer de forma saudável, ao nutrir o seu corpo e se exercitar, você irá perceber o seu nível de energia naturalmente aumentando. A cafeína pode te deixar mais alerta, mas não te dará energia.

Eu sou uma grande apreciadora de café, consumo todos os dias, confesso que até gostaria de tomar mais do que já o faço, mas café em excesso realmente não faz bem, especialmente se for adoçado com açúcar ou adoçantes artificiais. Se você consome pouca quantidade de café ao dia, pode até adoçá-lo com açúcar (se você for diabética, siga a orientação do seu médico e/ou nutricionista), mas não use adoçantes artificiais. Agora, se você passa o dia tomando café, e ainda por cima café com açúcar, você precisa mudar esse hábito. Durante esses dez dias, prefiro que você consuma o café puro, sem adoçar, e respeite a quantidade sugerida, mas se realmente não for possível, use açúcar (mascavo ou demerara) ou estévia. Além disso, outra questão ligada ao café é o seu consumo em copos plásticos ou de isopor descartáveis. Esses materiais, quando aquecidos, liberam uma substância tóxica chamada Bisfenol A ou, como é conhecida, BPA.

Essa substância possui um grande potencial cancerígeno. O BPA está muito presente em nossa rotina, mas evitar o uso de vasilhas plásticas para aquecer alimentos já irá diminuir o consumo dessa substância. Ao adquirir qualquer recipiente ou utensílio de plástico para a sua casa, certifique-se de que seja livre de BPA (está indcado na embalagem do produto). E quanto ao café, tenha em seu trabalho a sua xícara, para que não use copos descartáveis.

SUA ROTINA ALIMENTAR

Nesses dias, e se conseguir se adaptar, quero que consuma um copo grande de água (300ml) sempre ao acordar. Ficamos muito tempo sem beber água durante a noite. Esse copo de água já irá te hidratar e te proporcionar bem-estar.

Antes do café da manhã, sugiro que consuma suco de um limão com 50ml de água. Mas não ache que esse limão a fará emagrecer ou irá promover grande impacto em sua vida ou saúde. O objetivo desse suco de limão é lhe dar um aporte de vitamina C e de substâncias que auxiliam na alcalinização do organismo. Caso observe qualquer desconforto com a ingestão do suco de limão em jejum, suspenda o uso.

O seu café da manhã é bem importante para ajudar a controlar a fome durante o dia, a minha sugestão é que não pule essa refeição e, se possível, faça de forma completa, com carboidrato, gordura e proteína.

Como fonte de proteína você pode consumir ovo (mexido, cozido, omelete, como preferir) ou pasta de grão-de-bico (receita no site). Como fonte de carboidrato pode optar por uma porção de frutas com aveia e, caso não seja o suficiente para te dar energia para iniciar o dia, uma porção de batata-doce, inhame, mandioca, mandioquinha, batata ou milho cozido. Pode também em substituição às frutas, tomar um copo de suco verde (receitas no site metodomagraparasempre.com.br/livro). E, como fonte de gordura, um fio de azeite sobre o ovo ou sobre a porção de carboidrato.

Caso sinta fome entre o café da manhã e o almoço, sugiro que coma mais uma porção de frutas.

O seu almoço também deve ser uma **refeição completa**.

EXEMPLOS:

Proteína animal: peixe, frango ou ovos (se for vegetariana ou vegana, as leguminosas serão a sua principal fonte de proteína dessa refeição).

Carboidrato complexo: arroz integral, mandioca, inhame, batata, batata-doce, mandioquinha.

Leguminosas: lentilha, feijão, grão-de-bico etc (podem ou não estar presentes todos os dias se tiver hábito – se for vegetariana ou vegana é importante estar presente todos os dias).

Legumes: qualquer um deles que goste.

Salada de folhas: as de sua preferência, mas procure não consumir apenas alface, consuma também folhas verde-escuras. Você pode temperar a salada com limão, azeite extra virgem, ervas frescas e secas.

Caso sinta **fome à tarde**, você pode consumir mais uma porção de frutas com castanhas.

No jantar, você pode fazer uma refeição igual ao almoço ou tomar um prato fundo da sopa que sugiro no site. Essa sopa irá ajudar o seu organismo nesse processo de limpeza.

Caso sinta fome antes de dormir, você pode consumir mais uma porção de fruta ou comer uma porção de castanhas ou nozes. O abacate é uma excelente fruta para a sua ceia. Nunca durma com fome, isso pode atrapalhar o seu sono e dormir bem é fundamental para o seu processo de emagrecimento.

Obs.: 1 porção de fruta equivale a 120g aproximadamente ou a uma unidade, por exemplo, de laranja, banana, maçã, pera etc.

O QUANTO DEVO COMER

Talvez a sua dúvida agora seja a respeito de quanto comer. Como já disse outras vezes neste livro, espero que você desenvolva consciência diante dos alimentos.

Se você é uma pessoa que come muito, possivelmente ingerir menos quantidade será imprescindível para o seu emagrecimento.

Como saber se estamos comendo a quantidade adequada? Sempre digo às pessoas, saia da mesa ainda com a sensação de fome.

Observe, quando você deixa a mesa completamente satisfeita, logo terá a sensação de ter comido além do que era necessário e sentirá o desconforto do excesso alimentar. Mas se sair da mesa com uma sensação de que ainda poderia ter comido um pouco mais, dentro de dez minutos estará com uma sensação de saciedade, mais ainda, se sentirá leve e disposta.

Isso ocorre porque o hormônio responsável pela saciedade, a leptina, leva alguns minutos para ser secretado, e daí vem a importância de comer devagar e mastigar bem os alimentos.

RITUAL À MESA

Quero aqui propor a atenção plena durante as refeições, até mesmo diante de um pequeno lanche.

Perceba que, talvez, para emagrecer, você precise comer menos do que estava fazendo nos últimos meses, anos ou até a vida toda. Então se torna muito importante você desfrutar das refeições ou pode ser que as ingira tão rapidamente que nem perceba, e logo esteja novamente procurando o que beliscar.

Quero sugerir alguns passos para a atenção plena à sua refeição:

PASSO 1

Pare para se alimentar. Respeite esse momento. Muitas pessoas costumam dizer que não têm tempo para parar e fazer as suas refeições. Quero que perceba o seguinte: o alimento é a base da nossa existência, é ele que nos nutre, que nos fornece energia. Nada acontece sem ele. Por isso você deve tratar o momento de sua ingestão como algo sagrado em sua vida. Organize sua rotina para que tenha tempo para sua refeição. Você não precisa de uma hora para o seu almoço ou jantar, em vinte minutos é possível fazer uma refeição com atenção plena.

PASSO 2

Sente-se para comer. Comer em pé não permitirá que você esteja atenta à refeição. Normalmente em pé as pessoas "beliscam", comem rápido, consomem alimentos não planejados na sua rotina. E essa regra serve para todos os momentos. Se estiver num evento, num "coffee break", vá até a mesa, se sirva e encontre um lugar para comer, não fique em volta da mesa comendo sem sequer perceber o que está ingerindo. As pessoas muitas vezes relatam que não entendem por que ganham peso ou não conseguem emagrecer, pois não comem muito. E acredite, não estão mentindo, muitas delas realmente não percebem o quanto comem. A regra é, não coma nada em pé. Talvez você pense "mas é apenas algo rapidinho". Talvez o que você esteja comendo rapidinho não faça parte do seu plano alimentar, pode ser que esteja comendo algo não programado e que não deveria estar consumindo. E se tiver que se sentar para comer, terá oportunidade e tempo para perceber se aquele alimento, naquele momento, deveria estar em suas mãos. Sempre se sente para fazer suas refeições e lanches.

PASSO 3

Esteja conectada ao alimento. Antes de começar a comer, monte o seu prato com amor. Organize a disposição da comida nele. Já estabeleça que aquela é a quantidade planejada e aprecie a sua refeição. Você pode silenciosamente agradecer por aquela refeição e pedir que nutra e alimente o seu corpo.

PASSO 4

Coma devagar! Mastigue bem. Entre levar o alimento a sua boca e mastigar, descanse os talheres no prato. Não mastigue com os talheres nas mãos.

No momento em que você começa a mastigar os alimentos (por isso também é importante evitar alimentos líquidos e pastosos - sucos, caldos e cremes -, pois não há mastigação) a leptina, o hormônio da saciedade, começa a ser secretada. Se você não mastigar o alimento e, consequentemente, comer rápido, quando a refeição acabar ainda sentirá muita fome.

Se tem algo que espero que não aconteça durante o seu processo de emagrecimento é que você viva com fome. A fome é desgastante e estressante. Vejo pessoas sucumbindo e desistindo de perder peso porque não suportam mais passar fome. Esses rituais à mesa devem ser mantidos para sempre, não apenas durante o seu processo de emagrecimento, pois esses são hábitos de pessoas que possuem uma relação saudável e de respeito com o alimento.

5

FOME × VONTADE DE COMER

Será que você sabe diferenciar fome de vontade de comer? Aprender a diferenciar as duas coisas é muito importante para perder peso. Não quero que você fique com fome e, como já abordei, sentir fome é muito desgastante e algo capaz de fazer com que você desista do seu processo de emagrecimento.

Mas normalmente o que te faz ganhar peso não é o que come por realmente estar com fome, mas sim o que come nos momentos em que está apenas com vontade de comer algo ou quando se permite chegar a um nível muito alto de fome.

É fácil perceber quando estamos com fome. A fome é fisiológica e tem características físicas.

Quando os níveis de nutrientes diminuem em seu sangue e seu estômago fica vazio, entra em ação um hormônio chamado grelina. Logo, você percebe o seu estômago vazio, muitas vezes ele se contrai e faz barulho, é o que comumente chamamos de "ronco". Dependendo do nível de fome, você se sente sem energia e até com algum nível de confusão mental.

Algo bem peculiar quando estamos com fome é que não somos seletivos quanto ao que comer, comemos o que está disponível.

Diferentemente da vontade de comer ou da fome emocional. Aqui não existem os aspectos físicos, não há nenhuma sensação de fraqueza, não sente o estômago vazio, o que há realmente é a vontade de comer algo, que muitas vezes nem se sabe o que é. Você fica seletiva quanto ao que comer, fica imaginando algo de que goste muito. Acredito que você possa estar tão identificada com isso que já esteja rindo nesse momento.

A pergunta é: o que fazer em cada um desses casos?

Se você está sentindo uma leve sensação de fome e o horário da sua próxima refeição já está próximo, pode tomar um copo grande de água ou uma xícara de chá e aguardar o momento oportuno de se alimentar. Não vai te acontecer nada por sentir uma leve fome por um curto período.

Mas se percebe que esse nível de fome está aumentando e que ainda vai demorar algum tempo até a próxima refeição programada, o que você precisa fazer é uma refeição leve ou lanche saudável.

Você pode adiantar a sua refeição ou lanche. Pode comer algo, uma pequena porção de frutas ou castanhas, por exemplo, e aguardar a próxima refeição.

Por isso é muito importante sempre ter com você alguma alternativa para pequenos lanches. As frutas frescas, secas e castanhas são excelentes opções.

O que você não deve permitir é que essa fome aumente demais, que você não seja capaz de controlá-la e que quando você começar a comer seja muito difícil parar de forma consciente e na medida adequada.

Certa vez, Laura, uma aluna do meu grupo, relatou que, quando chegava em casa após o trabalho, por volta das 19h30, tinha compulsão alimentar. Que ao passar pela porta, jogava a bolsa no sofá da sala e se dirigia até a cozinha em busca de comida. Nesse momento, ela comia qualquer coisa que encontrasse pela frente, podia ser até mesmo pão seco ou sobras de arroz que encontrasse na geladeira. Qualquer coisa que matasse aquela fome.

Buscando entender a sua rotina, descobri que ela almoçava por volta das 13h e que saía do trabalho por volta das 18h, já sentindo uma leve fome, mas como estava indo pra casa e de dieta, acreditava ser melhor esperar o jantar.

No entanto, ela sempre passava mais de uma hora no trânsito até que chegasse a seu destino. E, durante o percurso, sentada no ônibus, só percebia a sua fome aumentar. Ao chegar em casa, com mais de seis horas sem se alimentar, quando começava a comer, não conseguia parar.

Perceba que o que acontecia com ela não era um quadro clássico de compulsão alimentar, mas sim, de excesso de fome.

Quando as pessoas sentem muita fome, acabam comendo muito rápido, não mastigam e isso faz com que comam muito mais do que precisam comer.

Assim, o plano da Laura de chegar em casa e preparar um jantar saudável quase sempre não se concretizava. Por volta das 22h30, ela voltava a sentir fome e, mais uma vez, comia qualquer coisa antes de ir se deitar. Esse ciclo se repetia dia após dia e a impedia de ter sucesso no processo de emagrecimento.

Tudo mudou quando Laura passou a fazer um lanche antes de sair do trabalho, ela chegava em casa com uma leve fome, tomava água enquanto preparava uma refeição saudável e aquele ciclo era interrompido. Foi assim que ela emagreceu 18 quilos.

É importante que perceba que se você ficar com muita fome você irá perder a consciência e o controle da ingestão alimentar. E além de ingerir muito mais calorias do que realmente precisa, ainda vai se sentir frustrada.

Aprenda a se observar e a perceber o momento que precisa se alimentar para que não chegue a esse nível de fome.

Quando falarmos nos próximos capítulos sobre o excesso alimentar à noite, o que é um dos grandes desafios para muitas pessoas que querem emagrecer, voltarei a falar sobre isso.

Agora, se o que tem é vontade de comer, o seu comportamento deve ser outro.

Lembra quando falei, no início do livro, que pensamento gera emoção, e que te leva para uma ação? E é exatamente esse ciclo que precisamos romper neste momento.

Quando você começar a ter pensamentos de que está com vontade de comer algo, ou quando começar a pensar em comida sem que esteja com fome, o primeiro passo é afastar esse pensamento.

Observe o seu comportamento nesses momentos. Você começa se dizendo que está com vontade de comer algo. Em seguida, começa a imaginar "o que poderia ser esse algo". Olha para cima, possivelmente, e fica imaginando o que poderia comer. Normalmente não é algo saudável, mas, sim, um alimento com muito sabor, rico em açúcar e/ou gordura ou carboidratos refinados.

Quando você decide o que poderia ser, fica alimentando esse desejo.

O que se deve fazer é interromper o primeiro pensamento. Para isso, distraia a sua mente. Comece fazendo algo que prenda a sua atenção e que seja importante para você.

Também deve ler o seu mantra e o seu cartão de combate, que mencionei anteriormente.

Algo que também pode fazer é dizer para a sua mente, que naquele momento você está ocupada e que, mais tarde, irá comer algo. Faça esse exercício e irá ver como ele pode te ajudar a driblar essas ciladas. Ele acaba com o conflito entre "comer × não comer". Você toma a decisão de comer algo mais tarde, e isso acaba com o conflito.

Quando começa a pensar em comer algo sem estar com fome, algumas coisas podem estar acontecendo: você pode estar entediada, se sentindo desafiada, frustrada, com medo, triste, ansiosa, com aquela sensação de vazio. Mas entenda: o que está buscando não é alimento, mas sim a sensação de prazer proporcionado por ele. Está querendo aliviar o seu tédio ou fugir de algo que a está incomodando. E você sabe que comer não irá resolver esse problema, mas irá momentaneamente te confortar.

Entenda que esse é um preço alto a se pagar, pois sentir esse conforto agora a afastará da sua satisfação futura.

A sua mente está habituada a sair dessa situação de incômodo fazendo com que você sinta vontade de comer. É o único caminho que ela conhece. Mas você pode ensinar outros para ela.

Por hora, o que espero que faça nesses momentos é buscar outra forma de compensar o que está por trás dessa vontade de comer.

Pense em algo que costumava fazer, que gostava muito e que poderia recuperar nesse momento. Dançar? Pintar? Telefonar para alguém que ama e que há tempos você não dá atenção? Sair para se exercitar? Fazer algo que está pendente, desde que seja prazeroso para você. Resolver algo que é importante, que está adiando e que lhe dará prazer, organizar um passeio, uma viagem.

Não sei exatamente o que será, mas algo que desloque o seu foco da comida e que seja prazeroso pra você. O que não deve nunca fazer é ficar alimentando o pensamento "estou com vontade de comer algo".

Vejamos os passos para que você pare de comer por fome emocional:

Primeiro: Bloqueie o pensamento de que está com vontade de comer algo. Diga para sua mente que em breve irá comer algo e se concentre no que está fazendo ou busque algo para fazer.

Segundo: Leia o seu mantra e o seu cartão de combate.

Terceiro: Se os pensamentos persistirem, faça algo que lhe traga a sensação de prazer, algo que realmente goste de fazer e ensine esse novo caminho a sua mente.

Se você costuma ingerir comida sem estar com fome, a minha sugestão é que agora, escreva nas linhas abaixo o que irá fazer para criar um novo caminho para sua mente quando tiver fome emocional:

6

POR QUE AS PESSOAS COMEM MAIS DO QUE PRECISAM?

Muitos fatores podem levar uma pessoa a estar acima do peso saudável, mas a minha experiência me faz perceber que existem três grupos que sofrem com sobrepeso ou obesidade.

O **primeiro** é o grupo das pessoas que gostam muito de comer, de confraternizar em torno da comida. O **segundo** é o de pessoas que não desenvolveram um nível de consciência alimentar e sobre a sua saúde. Já o **terceiro** é daquelas que comem em busca de diminuir o seu nível de ansiedade. No final deste capítulo vou te falar sobre as ferramentas específicas para que você possa emagrecer, mesmo estando em algum desses grupos.

O PRAZER À MESA

Vamos ao primeiro dos grupos que listei acima, formado pelas pessoas que amam comer. São aquelas que adoram uma festa, uma reunião com amigos e familiares. Gostam de sair para comer fora, apreciam um bom prato e muitas vezes bebida alcoólica.

Pode ser que essas pessoas tenham até uma boa rotina alimentar, que no seu dia a dia comam alimentos saudáveis e se exercitam. E que tenham uma vida feliz e de realizações. Possivelmente essas pessoas estejam com algum sobrepeso, algo entre 5 a 8 quilos acima do peso adequado. Vejo muitas mulheres nessa situação. Elas sequer entendem por que estão acima do peso, já que têm uma rotina saudável e se exercitam. Mas não percebem que aqueles excessos algumas vezes na semana, vêm, ano após ano, causando um aumento no seu peso.

Nesse caso, emagrecer pode ser um processo mais simples. Você diminui a frequência com que sai da sua rotina alimentar, come um pouco menos nesses momentos e percebe que emagrece e consegue manter o peso saudável.

Aqui o alimento é utilizado como uma forma de celebrar, de reunir pessoas. E não tem nada de errado nisso, já que comer é um ato social, uma maneira de unir pessoas. Se você gosta de cozinhar, como eu, esse ato se reflete como uma forma de amor e carinho para com as pessoas.

No entanto, se isso começa a gerar um excesso de peso, possivelmente em breve irá te causar alguns problemas de saúde. Vejo pessoas com um leve sobrepeso, mas que abusam de bebida alcoólica e comidas não saudáveis durante encontros com amigos e familiares e passeios. Essas mesmas pessoas, com o tempo, passam a apresentar problemas com a saúde.

A comida é, sim, uma fonte de prazer, e podemos usá-la para tal. Mas, se abusamos desse prazer, ele pode nos trazer problemas.

Aliás, se você parar para observar, todo excesso de prazer pode vir a nos trazer prejuízos. Se você passa a comprar demais para sentir prazer, talvez se endivide. Se passa a ingerir muita bebida alcoólica, pode desenvolver alcoolismo. O excesso de prazer alimentar gera doenças, entre elas a obesidade. Se quer sempre o prazer de festas e badalações, esse hábito pode gerar prejuízos em outras áreas da sua vida, como no trabalho, nas finanças e no relacionamento pessoal.

O que quero dizer é que todos esses prazeres podem fazer parte da sua vida, já que sentir prazer é parte importante dela, mas o excesso pode nos causar problemas.

Você pode estar se perguntando: "Mas a vida não é pra isso? Para sentirmos prazer?". O prazer faz parte da vida, mas o que devemos perseguir e o que deve ser o objetivo maior em nossas vidas é sermos felizes. Prazer é diferente de felicidade. O prazer é algo efêmero, passageiro. Você pode sentir prazer mesmo se sentindo infeliz. Ser feliz está ligado com satisfação, com você estar contente com a sua vida. Eu vejo que as pessoas têm confundido prazer com felicidade.

Passam a viver numa busca incessante por prazer. Quantas pessoas falam em comer para serem felizes? Por isso eu digo, você não é feliz quando come, você simplesmente sente prazer. Certa vez eu estava numa festa de aniversário e foi servida uma porção de batata frita na minha mesa. Todas as mulheres da mesa começaram a comer a batata, com exceção de mim. Eu realmente não queria comer aquela batata. Uma das mulheres me perguntou se eu não iria comer, e eu, tranquilamente, disse que não. Ela mal conseguiu disfarçar o seu descontentamento por eu não comer.

No dia seguinte, soube, através de outra amiga que, após eu deixar a mesa, alguém comentou que eu era uma infeliz. A pessoa tinha dito: "Onde já se viu não comer batata frita?".

Confesso que passei alguns minutos refletindo sobre aquela observação. Após algum tempo, cheguei à conclusão de que talvez infeliz fosse ela, que precisava de batata frita para ser feliz, e que eu, definitivamente não precisava comer batata frita para ser feliz. Sempre que relembro essa história, acho graça, mas no fundo, ela reflete o equívoco das pessoas sobre a relação comida/prazer/felicidade.

Se você está buscando felicidade na comida, talvez esteja dando o alimento errado para a sua felicidade.

A solução nesse caso é encontrar um equilíbrio entre os momentos de prazer alimentar e saúde/manutenção do peso saudável. Que você seja capaz de manter esses momentos em sua vida, mas que também seja capaz de manter a sua saúde e o peso adequado.

Eu e meu marido Wendell encontramos esse equilíbrio. Gostamos muito de gastronomia, de um bom restaurante e um bom vinho. Em casa temos uma adega com excelentes rótulos e gostamos muito de receber amigos e, além disso, eu amo cozinhar.

Mas estabelecemos quantos dias na semana podemos ingerir bebida alcoólica e quantas vezes devemos sair da nossa rotina alimentar.

O que acontece é que as pessoas muitas vezes extrapolam a frequência com que buscam o prazer alimentar e o resultado é o aumento de peso e até mesmo doenças relacionadas aos hábitos alimentares como o aumento da glicemia sanguínea (o que pode desencadear diabetes), esteatose hepática (gordura no fígado) e hipertensão.

É dessa forma que muitas vezes você não percebe como ganhou 10 quilos nos últimos 10 anos. Alguns excessos alimentares durante a semana e o resultado pode ser um quase imperceptível 1 quilo a mais por ano.

Se você se enquadra nesse primeiro grupo, também terá que buscar os seus motivos para mudar isso em sua vida. Se quer emagrecer e ter uma vida repleta de saúde, terá que buscar esse equilíbrio. Para isso, você pode reler as suas anotações sobre o porquê de querer emagrecer, quais os seus motivos para decidir buscar esse equilíbrio.

A AUSÊNCIA DE CONSCIÊNCIA ALIMENTAR

Fisiologicamente o alimento tem a função de fornecer energia e nutrientes. Nosso corpo tem aproximadamente 100 trilhões de células, sendo que 50 milhões se renovam todos os dias. Logo, você pode imaginar a quantidade de nutrientes de que precisamos todos os dias para suprir a necessidade do nosso organismo.

Não sei qual a sua religião ou no que acredita, mas eu creio que somos seres espirituais e que temos um corpo de energia, e, como uma profissional de saúde, sei que somos também seres biológicos e que temos um corpo físico. E que esse corpo físico, para funcionar adequadamente, precisa ser nutrido de forma correta – precisamos dar o combustível adequado para que nosso corpo funcione da melhor forma.

Porém, observo que muitas pessoas não param para avaliar o que estão oferecendo para seus corpos. Quando você vai até um posto de combustível para abastecer o carro, o frentista logo te pergunta se quer abastecer com álcool, gasolina ou diesel e você diz qual o combustível adequado para o seu automóvel, pois sabe que se der o combustível errado, o carro pode até funcionar, mas logo irá falhar.

Mas talvez você não tenha essa mesma consciência no momento de se alimentar. Talvez não pare para se perguntar – quando está diante de uma refeição – se aquele é um alimento adequado para o seu corpo. Aquilo que simplesmente está ali, disponível, é uma fonte de energia e nutrientes para o seu organismo ou de doenças? Se você não é seletiva com o que come, não busca realmente nutrir o seu corpo.

Aquele biscoito sempre disponível na copa do seu trabalho, que você muitas vezes passa a tarde toda beliscando, aquele copo de refrigerante gelado que consome para aliviar o calor, aquele salgadinho da cantina da faculdade, aquela fatia de bolo que todos os dias você degusta no final da tarde, são todos exemplos de alimentos que as pessoas ingerem todos os dias sem consciência de como eles estão influenciando na sua saúde e no seu peso.

Muitas vezes você come distraidamente, conversando, vendo televisão e realmente não está consciente do ato alimentar. E mais que isso, você realmente não está preocupada se aquele alimento realmente causa prejuízo à sua saúde. Com isso, você acaba consumindo um excesso de calorias no seu dia a dia e de alimentos que contribuem com o ganho de peso.

O que eu sempre digo é que no início do processo de emagrecimento e por quanto tempo se fizer necessário, diante de um alimento, antes de comer, você deve estar consciente. Não faça da alimentação um ato quase involuntário. Sempre observe a comida e se pergunte: Esse alimento irá me nutrir e promover saúde e energia em meu corpo ou contribuirá para a incidência de doenças e o aumento de peso?

Andreia, uma aluna do Método Magra para Sempre, nos mostra como a falta de consciência alimentar pode nos levar para um caminho de perigo, dor e sofrimento, e como o Método pode mudar a vida de uma pessoa.

Ela tinha adquirido meu curso online quando estava pesando 103 quilos. Como ela mesma dizia "caminhando para os quilos mortais".

A Andreia me contou como conheceu o curso. Num domingo à tarde, enquanto fazia uma nebulização por conta de seu estado de saúde deplorável, no qual enfrentava uma crise respiratória que poderia se agravar para uma pneumonia, recebeu o link do curso através de uma amiga. Ela disse que naquele momento, enquanto fazia a nebulização, comia uma barra de chocolates, devorava um saco de pipoca doce com batatas salgadas e fritas, ela não imaginava que aquele comportamento, além de estar contribuindo para o excesso de peso, poderia acabar com a sua vida. Ela realmente não acreditava como aquela falta de consciência alimentar estava relacionada ao seu quadro geral de saúde.

Era um período de sua vida em que ela já tinha desistido de tentar. Não cabia nas roupas, mesmo naquelas que achava que ficariam enormes, ficava ofegante para conversar, porque seu excesso de peso a atrapalhava de todas as maneiras e mal conseguia subir 16 degraus de escada. Praia, nem pensar. Além de não encontrar biquíni do seu tamanho, ela não cabia nas cadeiras de praia por causa do peso.

Sua rotina era chegar em casa todas as noites depois do trabalho, comer pizza ou comida pronta. Às vezes um hambúrguer. Quando queria comer "comida", a escolha era um bife à parmeggiana, que imaginava ser uma opção saudável.

A história da Andreia com ganho de peso começou por não observar o que comia. No início ela não tinha problema com ganho de peso, não se preocupava com o que comia. Ela se alimentava com o que era mais prático e gostoso.

Conforme ganhou consciência, mudou a alimentação, os hábitos, seguindo exatamente o que proponho neste livro, eliminou 47 quilos.

Então eu te pergunto, qual é o seu nível de consciência em relação à alimentação? Quanto você busca nutrir o seu corpo e para isso está realmente se ocupando em buscar alimentos saudáveis e nutritivos? Se você quer assistir a própria Andreia contando como aconteceu tudo isso, vá até o meu canal do YouTube e assista a um vídeo em que ela conta toda a sua jornada. O nome do vídeo é "Como emagreci 47 quilos em 10 meses".

Talvez você esteja em dúvida sobre como ter uma consciência alimentar plena, porque ainda tenha dúvidas sobre o que é uma alimentação saudável.

ANSIEDADE

Todos os dias recebo centenas de pedidos de ajuda, nas minhas redes sociais, de mulheres que querem emagrecer. Quando pergunto a elas por que estão acima do peso, a resposta mais frequente, é: eu sou muito ansiosa.

Ansiedade é um conjunto de sintomas físicos e psicológicos. E, perceba, a ansiedade é um sintoma, uma resposta a algo que a pessoa está vivenciando, e não a causa.

Ao buscar entender o que está realmente acontecendo na vida dessas mulheres, o que observo é que muitas delas estão vivendo uma dor, frustração ou tristeza, que estão sobrecarregadas, com excesso de atividades diárias e se sentindo impotentes, e que, ao não saberem exatamente identificar do que se trata, por não saberem dar nome ao que sentem, ou por muitas vezes sequer compreenderem o que as aflige, dão a isso o nome de ansiedade.

Com isso, essas mulheres usam a comida para alimentar as suas emoções. Ela deixa de cumprir a sua função principal que é nutrir nosso corpo físico e passa a alimentar o corpo emocional.

Se hoje você está vivendo isso, se está usando a comida para alimentar as suas emoções, precisa ter a coragem de olhar para si mesma, olhar para a sua vida, se tornar o "eu observador" da sua história para emagrecer.

Uma paciente certo dia chegou em meu consultório para uma consulta. Seu nome era Mariana. Ela era uma mulher linda, bem-vestida, cabelos muito bem penteados e maquiada.

Ao lhe perguntar como poderia ajudá-la ela me disse: preciso emagrecer 8 quilos. Queria entender todo o contexto, portanto perguntei por que estava acima do peso e ela trouxe a resposta:

"Sou muito ansiosa."

Perguntei o que a deixava tão ansiosa e ela respondeu:

"Não sei, só sei que me sinto ansiosa, e por isso como muito mais do que preciso, além disso, meu marido é árabe, e todos comem demais. E eu acabo comendo também."

Eu disse que ela era linda e que estava com um leve sobrepeso. Ela admitiu que sempre foi bem magra e que sempre teve um corpo lindo, mas que não era mais como antes. E repetiu: "Não consigo parar de comer, e sei que vou continuar engordando".

Ao tentar entender a história daquela mulher perguntei qual era sua profissão e ela logo disse que não trabalhava.

Nesse momento, percebi uma mudança em sua fisiologia: uma queda de energia no seu corpo, seus ombros caíram para frente, seu semblante que antes era alegre se entristeceu, e a sua respiração imediatamente se modificou. Perguntei:

"Por que você não trabalha?" E ela passou a me contar a sua história:

"Quando conheci meu marido, eu era subgerente do banco, eu o conheci fazendo um contrato para ele. Eu amava trabalhar no banco, o sonho da minha vida era fazer carreira lá, eu queria ser gerente, depois queria ser diretora de crédito, depois diretora nacional, nossa, eu achava aquilo incrível. Acontece que depois de um curto espaço de tempo eu e meu marido nos casamos e logo veio o primeiro filho. E quando o meu primeiro filho nasceu, eu e meu marido tivemos uma conversa e concluímos que o meu salário não era tão grande e, sendo o meu marido muito bem sucedido financeiramente, o meu salário não era significativo para a renda da família e que o melhor era eu deixar aquele trabalho que tomava muito do meu tempo e da minha energia para cuidar do nosso filho. E assim foi feito. Logo veio o segundo filho."

Perguntei como ela se sentia por estar em casa cuidando dos filhos e ela desabou e começou a chorar:

"Eu amava tanto o meu trabalho, era tão feliz, me sentia tão realizada, e agora me sinto tão culpada, porque meu marido é maravilhoso, meus filhos são incríveis e eu me sinto tão culpada por, apesar de ter tudo isso, sentir um vazio e viver ansiosa."

Questionei por que não voltava a trabalhar e ela disse que não tinha coragem, que não ia deixar os filhos sem sua companhia e nem sabia por onde recomeçar. Mas ressaltou que tinha muita vontade de ter uma carreira.

Disse a ela que eu até poderia elaborar um cardápio tecnicamente perfeito, mas que, se ela não resolvesse isso em sua vida, dificilmente iria emagrecer, pois ela estava, através da comida, buscando anestesiar aquela dor. E que ela não iria parar de comer, pois aquele era o recurso que ela tinha para preencher o vazio que sentia por não ter mais uma carreira.

Para ela, o trabalho tinha um valor muito grande, e deixar de viver conforme seus valores estava sendo uma grande dor em sua vida.

Disse a ela que o que precisava era apenas tomar uma decisão: "Pode ser que você decida ainda não voltar a trabalhar, pode ser que cuidar da sua família, dos seus filhos, enquanto são pequenos, seja um valor também importante para você. Mas viver esse conflito está realmente te deixando ansiosa".

Quando deixamos uma decisão pendente em nossas vidas, isso nos deixa ansiosas. "E entenda, o que acaba com a ansiedade não é a decisão que tomamos, mas sim decidirmos".

Disse a ela que podia, por exemplo, decidir que por mais três ou quatro anos, iria continuar cuidando dos filhos e que durante esse período poderia começar a se capacitar para voltar ao mercado de trabalho, estudar, fazer cursos e definir uma data para voltar a trabalhar. Ou poderia decidir que não queria esperar, e que dali em diante iria organizar a vida para voltar a trabalhar o mais rápido possível.

"O que irá acabar com a sua aflição será tomar uma decisão", concluí.

Alguns meses depois encontrei a Mariana numa festa, alguns quilos mais magra, e ela me contou que após aquele dia, ainda passou um mês ansiosa e em conflito, mas que tomou uma decisão e que havia voltado a trabalhar. E que estava tão feliz, que a comida tinha voltado a ocupar o lugar correto em sua vida, que passou a alimentar o seu corpo físico, e não as suas emoções.

Perceba que a ansiedade é apenas um aviso, um sinal de que algo não vai bem. Estar ansiosa pode estar ligado a inúmeros fatores, como, por exemplo, você estar fazendo coisas demais, ou por estar vivendo uma situação dolorosa, em sua vida, por deixar de viver algo que seja valoroso para você, ou por experiências que vivem no passado e que ainda afetam a sua vida.

Mas qualquer que seja a razão que desencadeia os sintomas da ansiedade, você terá que ter a coragem de olhar para a sua vida.

Se você hoje se sente sobrecarregada, impotente e incapaz de fazer tudo que tem que ser feito num dia ou numa semana, resolver isso só depende de você.

Sempre pergunto às pessoas que me dizem estarem sobrecarregadas: "O que você precisa deixar de fazer ou passar a fazer para que fique menos sobrecarregada? Pra quem você precisa dizer 'não'? Com quem ou com que circunstâncias você precisa ser mais firme para que fique menos sobrecarregada?"

Você se lembra da história da Camila, que contei no início do livro, que todas as noites chegava em casa e se sentia triste, pois nunca conseguia sair do trabalho no horário e com isso não ia se exercitar? E por isso chegava em casa com uma sensação estranha que não sabia explicar, com uma certa frustração que a fazia comer da hora que chegava em casa até a hora de dormir?

Perceba que a Camila vivia um ciclo. Seus colegas de trabalho que a ela eram subordinados não executavam as suas atividades durante a jornada de trabalho. Para que isso não chegasse a seus superiores e para que ela não precisasse se indispor com seus subordinados, ela fazia o trabalho dos outros. E com isso, saía tarde do trabalho, não ia para a academia, conforme planejava todos os dias, chegava em casa faminta, porque não fazia sequer o seu lanche da tarde, e realmente frustrada, e passava o resto da noite comendo.

O que a Camila teve que fazer para emagrecer? Precisou ser firme com os seus colaboradores, precisou não ter medo de desagradar as pessoas e se indispor com elas, teve que dizer não para aquelas pessoas que ficavam o tempo todo lhe pedindo pequenos favores.

Veja que ela tinha ganhos com aquela situação. Todos os colegas admiravam a sua capacidade de trabalho, achavam que ela era uma pessoa legal por fazer o trabalho que eles deveriam fazer, que não gerava conflitos. Só que aquela situação a deixava sobrecarregada e incapaz de cuidar do restante da sua vida.

Ao decidir que seria firme com aquelas pessoas, exigir delas o que era necessário, ela passou a sair do trabalho na hora programada, começou a se exercitar com frequência. Depois disso passou a chegar em casa na hora programada, após se exercitar, preparava uma refeição saudável, os seus lanches para o dia seguinte, e assim não emagreceu 15 quilos, emagreceu 17 quilos.

Veja que o que a fazia comer não era o estresse do seu trabalho, mas sim a **frustração** por não conseguir sair do trabalho no horário, por se sentir explorada.

Antes de tomar consciência sobre o que realmente acontecia em sua vida, as justificativas da Camila por não conseguir emagrecer eram:

- Trabalho demais e não tenho tempo para comer durante o dia;
- Como demais quando chego em casa;
- Quando chego em casa me sinto ansiosa e como demais;
- Não tenho tempo para os exercícios;
- Chego em casa com muita fome e me descontrolo com a comida.

Hoje, se perguntarmos novamente a ela por que não conseguia emagrecer, Camila nos dirá:

- Não sabia dizer não às pessoas;
- Tinha medo de gerar conflitos;
- Não exigia das pessoas o que elas deveriam fazer;
- Fazia coisas para agradar os outros.

Percebe como tudo que a Camila alegava ser motivo para não emagrecer não era realmente a raiz do problema?

É claro que ela estava sobrecarregada, mas o que a fazia comer não era isso, mas sim a sensação de frustração e de injustiça.

Se, hoje, você está se sentindo assim, quero que pegue papel e caneta e comece a listar tudo aquilo que você pode delegar, de quais pessoas pode exigir mais ajuda ou que façam o que é dever delas. Dos seus filhos, do seu companheiro, dos seus colegas de trabalho ou familiares. Mas terá que ter a coragem de inicialmente desagradar, até mesmo de gerar algum conflito.

Mas saiba que ao exigir das pessoas o que é justo, no fim, elas irão te respeitar e até mesmo te admirar.

No caso da Camila, inicialmente foi gerado certo mal-estar no seu ambiente de trabalho, mas depois, além de seus colegas de trabalho admirarem a profissional que ela era, ainda passaram a apreciar a mudança que ela promoveu em sua saúde e o quanto foi capaz de emagrecer. Ela, inclusive, passou a ser inspiração para seus colegas.

Vamos lá, faça uma lista do que precisa fazer, deixar de fazer, o que precisa delegar, a quem precisa atribuir ou dividir responsabilidades:

FAÇA UMA COISA POR VEZ

Nós, mulheres, temos a habilidade de fazermos muitas coisas ao mesmo tempo, mas isso pode estar sendo um fator de ansiedade em sua vida.

Você ajuda as crianças com as tarefas da escola, se arruma para o trabalho, responde WhatsApp, serve a mesa do café da manhã e ainda dá aquela olhada no Instagram, tudo isso antes de sair de casa para trabalhar.

Se você faz inúmeras coisas ao mesmo tempo, certamente fica ansiosa.

E mais que isso. Talvez por tentar fazer tantas coisas ao mesmo tempo e por se sentir tão ansiosa, você acaba por não executar as suas atividades diárias como gostaria, se sente sem tempo para nada, está com a vida cheia de pendências, deixa de se concentrar e se dedicar a coisas importantes e assim se sente sobrecarregada e frustrada. E o que faz para se sentir melhor? Você come.

Então, mais uma vez eu te convido para olhar para a raiz do problema. Se tem algo que realmente é democrático, que não importa a sua classe social, sexo, idade ou religião, é o tempo, ele é igual para todos. Toda pessoa tem um dia de 24 horas.

A questão é o que você prioriza fazer nesse tempo. Organize o seu dia, tenha uma agenda, com dia e hora certa para fazer cada coisa.

Eleja o que é prioridade em sua vida. Quantas horas do dia você passa em redes sociais, em grupos de WhatsApp, assistindo a vídeos que não têm qualquer relevância para a sua vida nesse momento, quanto tempo passa vendo televisão?

Sabemos que esse excesso de informações contribui drasticamente para aumentar o nível de ansiedade das pessoas.

É evidente que se você fica fazendo muitas coisas ao mesmo tempo, se você não elege prioridades e está cheia de pendências, se sentirá ansiosa.

Houve uma fase na minha vida em que eu estava me sentindo frustrada por não realizar um determinado projeto, minha justificativa era que eu não tinha tempo e que estava cansada. Mas havia um padrão que se repetia praticamente todas as noites. Há muitos anos na minha vida não assisto TV aberta, mas tinha TV por assinatura, e quase todas as noites eu ficava até tarde assistindo a um programa de competição culinária. Todos os dias eu me dizia que só iria assistir por meia hora. Mas acabava por muito mais tempo diante da televisão. E qual era o problema? Além de eu não usar aquele período para me dedicar ao meu projeto, ainda dormia tarde e me sentia cansada no dia seguinte.

Uma noite me disse que assistiria apenas meia hora e assisti a mais de duas horas do programa. Naquela noite decidi cortar o mal pela raiz: arranquei os cabos da TV e joguei fora. Pronto, estava resolvido o meu desafio com a televisão. Eu realmente tinha coisas importantes para realizar em minha vida, e ficar vendo televisão estava longe de ser uma prioridade.

Até hoje temos o aparelho, mas não temos TV a cabo e, em média, assistimos a apenas duas horas por semana.

Observe a si mesma. O que pode cortar da sua vida para diminuir coisas que ocupam o seu tempo, a sua atenção e a sua energia? Talvez tenha que sair da maior parte ou de todos os grupos de WhatsApp, apagar do seu celular aplicativos de redes sociais ou arrancar os fios da TV.

Também procure observar atividades e pessoas que ocupam o seu tempo – não são apenas as redes sociais e TV que minam a sua energia, o seu tempo e te deixam ansiosa.

Faça uma lista de tudo que precisa excluir ou diminuir da sua vida para que diminua o seu nível de ansiedade:

Além de diminuir o seu nível de estresse e ansiedade, você perceberá que irá sobrar tempo para coisas realmente importantes em sua vida, como, por exemplo, cuidar do seu processo de emagrecimento. Terá mais tempo para se exercitar e cuidar da sua alimentação.

NÃO ALIMENTE SUAS EMOÇÕES

Como eu disse no início deste capítulo, quando as mulheres relatam que estão acima do peso por serem ansiosas, procuro entender a história dessas mulheres e muitas vezes o que observo é que elas chamam de ansiedade aquilo que muitas vezes não sabem ao certo o que é.

Vejo mulheres sofrendo por estarem em um relacionamento sem amor e conexão, ou terem acabado de sair de um, por estarem frustradas com suas carreiras ou pela falta de uma, por se sentirem incapazes de melhorar as suas finanças ou de sair de dívidas ou diversos outros desafios nessas áreas tão importantes em nossas vidas.

Mas essas mulheres muitas vezes não são capazes de perceber que não é a ansiedade que as está levando a comer, mas sim a forma como conduzem as suas vidas.

Se comer tem sido o recurso que você encontra para aliviar as suas dores emocionais, dificilmente você vai parar de fazer isso se não tiver coragem de olhar para as suas mágoas.

Numa palestra, enquanto falava sobre alimentar emoções, uma mulher usou a expressão "comida que abraça" para se referir aos alimentos que comia para aliviar as suas dores. Achei aquilo muito representativo. Alguém comer e se sentir abraçado pela comida. E é justamente isso que acontece: muitas mulheres comem, mesmo sem fome fisiológica, para se sentir abraçadas, para preencher vazios, para anestesiar as suas dores.

A questão é que a dor não passa, a comida é tão somente um analgésico de efeito local, que dura pouco tempo. Logo a dor volta e você precisa comer mais. E é nessa busca incessante de anestesiar a sua dor que você come mais do que precisa, consome, principalmente alimentos ricos em açúcar, com excesso de carboidrato refinado e gordura.

Quando era criança, alguém me perguntou o que eu queria ser quando crescesse. Eu nem pensei e respondi: "Quero estudar Direitos". A pessoa riu e me disse: "É 'Direito' e não 'Direitos'". E me perguntou logo em seguida: "Você quer ser juíza, promotora, advogada, o que quer ser?".

Eu respondi: "advogada", em alto e bom som.

Sempre quis ser advogada e esse tinha sido o meu sonho da infância e da adolescência.

Tive uma infância pobre, estudei a maior parte da minha vida em escola pública e tinha o sonho de entrar numa universidade pública. Para mim, estudar Direito era a possibilidade de mudar a história de pobreza da minha família e transformar a minha vida.

Estudei muito e ingressei na Faculdade de Direito da Universidade Federal de Mato Grosso. Lembro-me como se fosse hoje o dia que ouvi no rádio o resultado do vestibular, e ouvi o meu nome. Achei que fosse desmaiar, era uma felicidade que não cabia em mim.

Ingressei na faculdade e um ano depois aquela alegria havia se transformado em decepção. Parecia que quanto mais o curso avançava, menos eu gostava dele. Diante daquela frustração passei a comer, comecei a comer doces, biscoitos e bolachas, o que até então não tinha hábito. E em pouco tempo saí do manequim 38 para o 46.

O dia que vesti um jeans tamanho 46 e ele ficou apertado, percebi que era hora de mudar. Comprei uma bicicleta ergométrica e efetivamente mudei os meus hábitos alimentares e emagreci. Depois disso, descobri o que realmente queria fazer em minha vida: eu queria ajudar as pessoas a terem hábitos saudáveis e emagrecer. Essa era a minha missão de vida. Passei a ajudar todos que queriam emagrecer. Dava dicas e conselhos. Às vezes no estágio obrigatório da faculdade de Direito eu me pegava falando sobre alimentação e emagrecimento com as pessoas.

Terminei a faculdade de Direito, passei na prova da OAB e me tornei advogada.

Por isso, mais uma vez, te convido a olhar para a sua vida. Você só será capaz de mudar o que está acontecendo, se tiver a coragem de olhar para a sua história e dizer que algo não vai bem.

Se você vive em uma relação que não te alimenta emocionalmente, talvez busque a comida para suprir essa emoção, para anestesiar a dor de não se sentir amada ou o medo de perder seu relacionamento.

Todas as noites Lúcia chegava em casa antes do seu marido, preparava o jantar, dava banho nas crianças e logo que seu marido chegava em casa a cena era a seguinte: ele entrava, falava com as crianças, dava um "oi" para ela, ia tomar banho e voltava para jantar.

A família se sentava à mesa, comia quase que em silêncio. Apesar de não externalizar o que sentia, Lúcia se sentia vazia e morta por dentro. Aquele silêncio fazia muito mal para ela. Ela se sentia carente, desprotegida e insegura.

Durante o jantar, ela fazia um pequeno prato, sempre comia pouco nas suas refeições. O que fazia com que as pessoas não fossem capaz de compreender por que ela estava quase 20 quilos acima do peso.

Quando terminavam o jantar, seu marido ia para a frente da TV e ela retirava a mesa e colocava as crianças para dormir. Ela me contou que sentia uma dor muito grande diante daquela situação, que ela amava muito o marido e que todas as noites após o jantar tinha muita vontade de chorar.

Mas não chorava, voltava para a cozinha e comia tudo que podia, comia rápido e compulsivamente a sobra do jantar e tudo mais que encontrasse pela frente. Após se sentir exausta e "preenchida", ela ia dormir. E sempre que se sentia triste e frustrada durante o dia com essa situação, ela comia para anestesiar aquela dor.

Quando me contou essa história, e me pediu ajuda, eu disse a ela: "Amanhã, após o jantar, quando sentir vontade de chorar, você não deve voltar à cozinha para comer, você deve ir para o quarto e chorar".

E ela me perguntou: "E no outro dia?"

Respondi: "A mesma coisa, todas as noites quero que vá para o quarto e entre em contato com essa dor. Quero que permita que essa dor cresça até que decida fazer algo em relação a essa situação com seu marido".

Ela estava preocupada com a maneira como ia fazer e eu disse que o mínimo era que conversassem: "Você precisa dizer a ele como se sente".

No entanto, Lúcia disse que não tinha coragem e eu respondi: "Quando essa dor crescer, se você parar de anestesiá-la com comida, você terá coragem".

Assim ela fez. Passou algumas noites chorando no quarto até que aquela dor e angústia se tornaram insuportáveis. Foi então que procurou o marido para conversar.

Percebo que cada vez mais as pessoas evitam contato com suas dores. Utilizam-se de artifícios de prazer para anestesiar suas emoções negativas.

Lúcia comia, mas outras pessoas fazem compras, consomem álcool ou jogam, e aquele momento lhes dá prazer e faz com que momentaneamente não sintam dor.

Mas a dor é a oportunidade que temos para que possamos evoluir em nossas vidas. Wendell Carvalho, meu marido, diz que toda vez que as pessoas entram num processo de dor muito grande, abre-se diante delas um "portal interdimensional". Do outro lado desse portal existem inúmeras possibilidades, que você não conhece, que te causam medo, mas que são possibilidades para você resolver essa dor. Mas você precisa ter a coragem de atravessar, precisa tomar uma decisão. Se não atravessa, o portal se fecha e você se acostuma e passa a administrar a sua dor. Mas algo irá acontecer em sua vida, e essa dor aumenta novamente, e um novo portal se abre, e você tem a oportunidade de ultrapassar. E se mais uma vez você não toma a decisão, o portal se fecha e você passa a vida administrando portais.

Mas acontece que se a dor não é curada, logo ela está de volta e novamente você busca artifícios para anestesiá-la. Todas as noites Lúcia anestesiava a sua dor. Essa é uma das formas que as pessoas desenvolvem compulsão alimentar. Ensinam ao cérebro um mecanismo de dor, compensação e prazer.

A Lúcia decidiu ultrapassar o portal e enfrentar aquela situação com o seu marido. Após uma longa conversa, eles decidiram buscar ajuda para curar o relacionamento, e ela não precisou mais comer para aliviar aquela dor. Hoje, 15 quilos mais magra, Lúcia segue com o seu marido no resgate do relacionamento.

Se hoje você vive a dor de estar num relacionamento sem amor e conexão, saiba que não precisa ser assim. Muitas vezes, você acredita que relacionamentos são assim mesmo, que com o tempo, com a chegada dos filhos, a dinâmica muda. Talvez a sua visão de relacionamentos, as suas crenças, a forma como seus pais mantiveram a relação te façam achar que não há nada que possa ser feito para mudar a relação.

Mas acredite, o relacionamento deve ser a nossa grande oportunidade de desenvolvimento e amor. Se um dia já teve um relacionamento incrível com essa pessoa, se já existiu amor, paixão e conexão, vocês podem resgatar isso.

Busque de todas as formas curar o seu relacionamento, mas, se após inúmeras tentativas perceber que não há mais o que ser feito, você tem o direito de deixá-lo. Você ultrapassa o portal e dá a si mesma a oportunidade de ser feliz novamente nessa área da vida.

CARREIRA E DORES EMOCIONAIS

A carreira e a vida financeira passaram a ser um grande dilema na vida das mulheres. Seja porque elas vivem em conflito entre ter uma carreira e cuidar da família, como na casa da Mariana, ou porque elas não gostam do trabalho, ou não se sentem financeiramente satisfeitas. Eu vivi a dor de trabalhar por oito anos numa carreira que não me fazia feliz. Vivi o ápice da minha carreira e depois o seu declínio. Como não gostava do que fazia, a minha dedicação a ela só foi diminuindo.

Apesar de saber que não gostava da minha profissão de advogada, eu não tinha a lucidez de que eu poderia e queria simplesmente mudar de área de atuação. Eu dizia que um dia faria a faculdade de Nutrição, talvez quando estivesse aposentada ou após alcançar a independência financeira.

Mas eu sentia um grande vazio, apesar de ser respeitada como advogada, ser professora de cursos preparatórios para a OAB e concursos públicos, aquela carreira não contribuía para a minha felicidade.

No início do livro eu disse que falaria sobre o meu conceito de felicidade. Para mim, ser feliz está relacionado com o nível de satisfação que temos em nossa vida. Em estarmos satisfeitas com os nossos relacionamentos (amoroso, familiar e amigos), com a carreira, finanças, com a nossa saúde e espiritualidade. Quando não estamos satisfeitos com alguma ou algumas dessas áreas, isso diminuiu o nosso nível de felicidade. E se área em que não estamos satisfeitas tiver um valor muito grande para nós, isso nos causa muita dor.

O trabalho para mim sempre foi muito importante. Não me sentir feliz no trabalho, comemorar a chegada dos finais de semana e sentir uma grande angústia no domingo à noite realmente me impedia de ser feliz. Tive depressão, usei remédios, fiz terapia e não conseguia entender o motivo daquela tristeza toda. Eu me sentia ingrata. Olhava para a minha vida e achava que era perfeita, mas em meu peito havia uma imensa dor e um vazio.

Mais do que o trabalho ser um valor, hoje sei que ele está ligado à minha missão de vida, ao meu legado. Quando deixava para um futuro incerto a decisão de estudar Nutrição, mais do que adiar a decisão de abraçar uma nova carreira, eu adiava a decisão de viver a minha missão de vida.

Quando você nega essa missão, se sente vazia, não sabe ao certo por que está neste mundo e não se sente feliz.

Eu nunca me conformei em viver uma vida de "não satisfação". Aliás, mudei muitas coisas em minha vida, mas a questão da carreira me parecia algo sem solução, que até me aposentar, eu deveria viver da profissão que havia escolhido, que havia lutado tanto para entrar numa universidade pública e na qual estava há oito anos.

Certo dia, uma dor muito forte surgiu em minha carreira. Fui chantageada por um juiz que queria que eu entrasse num esquema de corrupção. Foi assim que passei alguns dias em casa chorando, porque era realmente uma situação humilhante e de muita decepção.

Diante daquela dor, talvez uma das maiores na minha carreira jurídica, um portal se abriu e eu decidi passar. Era mês de julho e no final de outubro fiz vestibular para Nutrição na Universidade Federal de Mato Grosso e fui aprovada em terceiro lugar.

Se eu tivesse anestesiado essa dor, se tivesse me distraído com televisão e redes sociais, não teria me dado a oportunidade de viver a minha missão, ou teria passado mais alguns anos insatisfeita e infeliz com a minha vida.

Lembra da Mariana, que tinha deixado a carreira em nome dos filhos, de quem falei há pouco? A Mariana se sentia insatisfeita com a sua vida, pois o "trabalho" era um valor para ela. Mas o valor "família" também era algo muito importante, especialmente pelo seu modelo de mundo em que a maior parte das mulheres não trabalhava, já que sua mãe se dedicou a cuidar dos filhos e foi muito feliz. Apesar de a carreira ser um valor, ela tinha crenças profundas sobre ter que deixar a profissão de lado e cuidar dos filhos.

O meu convite aqui é para que você avalie o que tem realmente valor em sua vida. Aquilo de que você não pode abrir mão, sob pena de isso lhe gerar insatisfação e prejudicar a sua felicidade.

Se hoje tem uma carreira ou trabalho que não te faz feliz, você pode mudar. Se não se sente apta ou capacitada para o que faz, você pode se preparar mais, pode estudar. Se ganha pouco, pode se aperfeiçoar e ganhar mais. Quero que você entenda que pode mudar qualquer coisa em sua vida que te deixe insatisfeita.

É claro que mudar muitas vezes tem um preço. Tive que deixar minha pasta, meu salto alto e voltar para uma cadeira da faculdade. Mas eu te garanto, por mais difícil que possa ser, vai valer a pena.

A única coisa que não pode fazer, o que realmente precisa entender, é que comer não vai aliviar essa dor.

E essa dor pode ser o início de uma doença grave que você está tratando com falsos analgésicos e não se dá a oportunidade de realmente investigar o que está acontecendo. Às vezes existe um tumor por trás dessa dor, que, quando for descoberto, não terá mais salvação. Se a Mariana não tivesse parado de anestesiar a sua dor com comida e não tivesse tido a coragem de resolver a sua carreira, possivelmente hoje ela ainda estaria frustrada e muito acima do peso. Observe se isso que você chama de ansiedade não é apenas mais um sintoma de uma grande dor na sua vida. Tenha a coragem de olhar para isso, a vida é generosa e presenteia os corajosos com uma vida de satisfação.

Por isso, eu te pergunto: o que você está alimentando com comida?

7

OS DESAFIOS DO PROCESSO DE EMAGRECIMENTO

O DESAFIO CHAMADO FINAL DE SEMANA: VOCÊ PODE VENCÊ-LO!

Você deve conhecer esta história: você decide que vai emagrecer, que vai mudar os seus hábitos e ser uma pessoa saudável. Muitas vezes toma essa decisão no domingo à noite, após um final de semana em que comeu e/ou bebeu em excesso e promete que isso tudo irá mudar. E começa a sua semana confiante, fazendo tudo certo, se alimentando corretamente e se exercitando.

Tudo parece correr bem, inclusive a balança, que está ao seu lado, apontando que você está na direção certa.

No entanto, quando chega o final de semana, é como se você fosse refém dos acontecimentos. A sua rotina muda, você fica exposta aos eventos, festas, baladas, confraternizações com os amigos e, consequentemente, à comida. E vê cair por terra tudo ou quase tudo que conquistou durante a semana.

Se quer ter resultado no seu processo de emagrecimento, você terá que superar esse desafio chamado final de semana. Se não aprender a lidar com esse desafio, vai ficar a vida toda oscilando de peso e encarando o tormento da culpa que bate na porta todas as segundas-feiras.

Entenda algo importante: quando, na segunda-feira, você sobe na balança e ela aponta 2 quilos a mais, isso não significa que você tenha engordado, que tenha ganho 2 quilos de gordura. Engordar é ganhar gordura, assim como emagrecer é perder gordura.

Naquele peso da balança está o peso da comida que você comeu no final de semana, especialmente se comeu um grande volume, também está a retenção de líquido por muitas vezes ter consumido alimentos que contribuem para isso e também o que realmente você engordou.

Sempre gosto de dar este exemplo para as minhas alunas. Imagine que durante a semana você diminua um quilo na balança. No final de semana você come como se não houvesse amanhã e na segunda-feira você se pesa e a balança indica 2 quilos a mais do que você estava na sexta. Você vai perceber que na terça-feira, se você se pesar novamente, estará somente 300 gramas a mais que na sexta.

Na próxima sexta-feira, você estará com os mesmos 500 gramas a menos do que na primeira sexta. Na segunda-feira seguinte você está com 2 quilos a mais, e na terça terá diminuído o seu peso e estará com 200 gramas a menos em relação à segunda-feira inicial. Veja este exemplo:

DIA 1	segunda-feira: 70 quilos
DIA 5	sexta-feira: 69 quilos
DIA 8	segunda-feira: 71 quilos
DIA 9	terça-feira: 70,3 quilos
DIA 12	sexta-feira: 69,5 quilos
DIA 15	segunda-feira: 71,5 quilos
DIA 16	terça-feira: 69,8 quilos

Observe o que aconteceu: você emagreceu, mas após quinze dias de tentativa, o seu resultado é 200 gramas. Tudo isso porque você não resistiu ao final de semana.

Na maioria das vezes é aqui que você desiste. Você pensa consigo mesma "tanto esforço, 15 dias fazendo dieta e exercícios para eliminar 200 gramas?" E aí começa uma avalanche de pensamentos sabotadores. "Eu sou um fracasso, nunca vou emagrecer, emagrecer é muito difícil" e todos os outros pensamentos que te impedem de prosseguir. Logo, você para. Até que, num próximo domingo, a dor por estar acima do peso volta a te assolar, e você começa tudo de novo.

Se quer ser uma pessoa saudável e emagrecer, terá que vencer o final de semana. Entenda: não é apenas durante o processo de emagrecimento. É para sempre. As pessoas que têm hábitos de vida e peso saudável não passam o final de semana comendo tudo que estiver disponível.

Mas quero que saiba é que dá pra ser uma pessoa saudável e emagrecer comendo uma pizza no final de semana. O que não dá é para passar o final de semana comendo tudo que se vê pela frente e achar que vai emagrecer, porque isso não é possível.

Lembre-se: primeiro você precisa ser, para depois ter. Primeiro seja uma pessoa de hábitos saudáveis para que depois tenha o corpo saudável e emagreça.

Eu sei que você quer vencer esse desafio, que sabe que é o final de semana que prejudica o seu processo de emagrecimento. Então o que pode fazer para mudar isso?

Uma das principais coisas a serem feitas é planejar o seu final de semana.

Se você começa a sair do seu processo na sexta-feira, deve fazer o planejamento na quinta-feira, se começa a sair do processo no sábado, se programe na sexta-feira.

Planejar é estabelecer a sua rotina alimentar no final de semana, inclusive programando o que e quando irá comer fora dela. Sim, você pode ter uma ou duas refeições livres no final de semana. Mas entenda: eu disse refeições e não dias fora da sua rotina.

O que é mais importante é que você saiba que será assim pra sempre. Que passar o final de semana todo comendo será um hábito que não mais fará parte da sua vida...

O que deve estar presente no seu planejamento de final de semana?

Onde e o que irá comer em todas as principais refeições do final de semana, qual ou quais refeições estarão fora da sua rotina alimentar e como será essa refeição.

Isso pode parecer maçante e se assemelhar a uma falta de liberdade. Mas te garanto que não é. Isso é libertador. Pois você irá começar o final de semana se sentido segura e confiante. Você não irá ficar se torturando dizendo que não pode comer nada de que gosta, não ficará ansiosa diante de alimentos e refeições não programadas, pois você já saberá o que deve fazer.

Já falei sobre isso aqui: o que nos causa angústia e ansiedade não é a decisão que tomamos, mas sim a dúvida e a falta de decisão. Não importa se a decisão seja boa ou não, se ela nos leva para onde queremos ir ou se nos afasta, o que acaba com a ansiedade é decidir. Se você já se programou, não tem conflito, não tem ansiedade, não tem batalhas e não tem derrota.

Quando você está diante de um alimento não programado e fica em dúvida se come ou não, aquilo te gera uma batalha interna entre comer e não comer...

Mas se você está sábado à tarde diante de um chocolate e programou que sua refeição fora da rotina será um sorvete domingo à tarde, vai olhar para o chocolate e pensar, "o.k., querido, você pode ser uma delícia, mas não faz parte da minha programação, tenho um sorvete programado para amanhã".

Você irá perceber o quanto isso será libertador, o quanto se organizar e ter disciplina fortalecerá os seus "**músculos da vitória**".

É importante que nesse planejamento já estejam previstos os eventos sociais do final de semana.

Imagine que sua mãe te convidou para almoçar na casa dela no domingo, e lá é um local onde você sempre acaba comendo alimentos que não contribuem para o seu emagrecimento. Mas que nesse mesmo final de semana, no fim da tarde de domingo, tem uma festa infantil para ir.

Você precisa se decidir. Se a sua refeição fora da rotina será na casa da sua mãe ou na festinha. Percebe? Aqui você tem algumas opções. Pode escolher comer na festinha, recusar o convite da sua mãe e almoçar uma refeição saudável em casa. Pode almoçar na sua mãe e propor que seja feito um almoço saudável. Você pode não falar nada e levar um prato saudável. Ou você pode escolher comer na sua mãe e não comer na festinha. Faça um lanche em casa antes de ir e simplesmente não coma nada na festa. Como sempre brinco com minhas alunas, você pode ir a uma festa simplesmente para "divar", não precisa comer. Essa é uma brincadeira entre minhas alunas, mas tem um pouco de verdade.

Muitas pessoas se rebelam contra o processo de emagrecimento, alegando que não podem deixar de ter vida social, de sair e conviver com as pessoas de que gostam para emagrecer. E acredito que essas pessoas estejam certas.

Se você vai a eventos para estar com pessoas, esteja com pessoas. Ao chegar nesses eventos, se decidiu não comer, coloque a sua atenção nas pessoas, dê atenção a elas, converse, dance, se divirta. Tire o foco da comida. Mas o que me parece é que as pessoas muitas vezes fixam toda a sua atenção na comida e na bebida.

Aproveite esses eventos para se arrumar, vista uma roupa bonita, ajeite os cabelos e, lá, conecte-se às pessoas.

Ainda que tenha escolhido comer na festa, não faça da comida a única atração. Sirva-se com consciência, antes disso, observe todas as opções e escolha o que mais gosta. Coma sentada, devagar, aprecie o que está comendo e, depois passe a dar atenção às pessoas e a se divertir.

Até hoje, ao chegar, por exemplo, numa festa de casamento, antes de me servir, observo tudo o que tem para comer, vejo o que mais gosto e faço a minha refeição. Quando escolho comer a sobremesa, como menos do prato principal, ou deixo de comer a entrada. E depois dou atenção às pessoas e me divirto.

Além de programar as refeições fora de casa, ou os encontros com amigos e parentes, também é importante programar as refeições em casa. Programe-se para ter certeza de que terá ingredientes para preparar as refeições em casa e não acabar pedindo uma pizza. Mas veja, pedir uma pizza no domingo à noite também pode ser a sua opção de refeição fora da rotina alimentar. Perceba, nada é proibido. A questão é estar no seu planejamento.

Após planejar as refeições, você também pode aproveitar o final de semana para organizar as suas refeições da semana seguinte. Ir ao supermercado, preparar algumas refeições e congelar para a semana. Deixar os vegetais lavados e higienizados na geladeira. Em vez de você usar o seu final de semana para prejudicar o seu processo de emagrecimento, você pode utilizá-lo para te ajudar. Ao invés de você entrar no final de semana e se desconectar do seu processo, você pode estar ainda mais ligada a ele no final de semana.

Você pode pensar que tudo isso é muito difícil, que você irá perder muito tempo. Mas eu nunca disse que seria fácil, ao contrário, o que digo é que tudo que é importante em nossas vidas apresenta um nível de dificuldade e que, se emagrecer é realmente importante para você, é preciso dedicação.

É claro que não será preciso escrever o planejamento do seu final de semana para sempre, mas até que incorpore novos hábitos isso será imprescindível.

Mas sempre terá que fazer escolhas alimentares e ser seletiva, para sempre.

O que também precisa estar presente no seu final de semana é a atividade física. Ela te mantém conectada ao seu processo. Além disso, como verá mais à frente, o exercício te auxilia com a sensação de bem-estar que muitas vezes você busca na comida.

Você deve decidir se irá se exercitar no sábado ou no domingo, que horário e o que irá fazer de atividade física.

PLANEJAMENTO DA ROTINA DO FINAL DE SEMANA

Abaixo dou exemplos de como você pode preencher seu planejamento:

SEXTA-FEIRA

Jantar

ONDE COMER: em casa.

O QUE COMER: o mesmo da minha rotina alimentar.

SÁBADO

Café da manhã

ONDE COMER: em casa.

O QUE COMER: o mesmo da minha rotina.

Lanche da manhã

O QUE COMER: o mesmo da minha rotina.

Almoço de sábado

ONDE COMER: no restaurante por quilo próximo de casa.

O QUE COMER: o mesmo da minha rotina.

Lanche da tarde

O QUE COMER: o mesmo da minha rotina.

Jantar

ONDE COMER: na casa da Laurinha.

O QUE COMER: levar um prato que seja adequado à minha rotina alimentar e me conectar às pessoas.

DOMINGO

Café da manhã

ONDE COMER: em casa.

O QUE COMER: o mesmo da minha rotina.

Lanche da manhã

O QUE COMER: o mesmo da minha rotina.

Almoço de domingo

ONDE COMER: no meu restaurante italiano favorito.

O QUE COMER: refeição fora da rotina: A minha massa favorita com uma taça de vinho. Não vou tomar refrigerante nem comer sobremesa.

Lanche da tarde

O QUE COMER: o mesmo da minha rotina.

Jantar

ONDE COMER: em casa.

O QUE COMER: o mesmo da minha rotina.

SÁBADO

Pela manhã ir ao supermercado para comprar os lanches da semana, vegetais, frango para preparar hambúrguer e ingredientes para o prato que levarei à casa da Laurinha.

Chegar em casa e lavar os vegetais para a semana e preparar o prato que vou levar à casa da Laurinha.

DOMINGO

Pela manhã fazer 40 minutos de caminhada na rua e 10 minutos de abdominal em casa. Após os exercícios, preparar hambúrguer de frango e aveia para congelar para a semana.

Agora vamos programar o SEU próximo final de semana.

Entre no site: **metodomagraparasempre.com.br/livro** e faça o download gratuito de uma tabela que preparei exclusivamente para os leitores do livro!

NÃO ESPERE PARA SER FELIZ NO FINAL DE SEMANA

O que mais observo quando as pessoas decidem emagrecer é o padrão alimentar que elas adotam. Você se declara de dieta e sua alimentação básica passa a ser composta de grelhados, salada de folhas e legumes no vapor.

Outro dia uma amiga disse com franqueza o porquê de seus finais de semana sempre trazerem quilos a mais na balança. Durante a semana ela conseguiu seguir sua rotina alimentar com a marmita que preparava, mas na tal marmita, colocava todos os dias a mesma combinação sem gosto. Um frango grelhado sem tempero e uma batata doce cozida com uma saladinha. Quando o final de semana chegava, o que ela mais queria era poder comer "algo gostoso".

O processo de emagrecimento passa a significar: um tempo comendo comidas "sem graça", emagrecer, voltar a comer como comia antes e voltar a engordar.

A forma como você vai passar a se alimentar para emagrecer deve ser a forma como você irá fazer isso para sempre. Então comer comida gostosa, que agrada o seu paladar, é fundamental.

Lembro das tentativas da minha mãe de emagrecer. Quando ela se declarava de dieta, cozinhava uma panela de vegetais com água e sal: cenoura, chuchu, repolho, abobrinha e tudo que tivesse em casa. Ela deixava na geladeira e no almoço e jantar ela comia com bife. Passava vários dias comendo apenas isso.

Ela chegava a emagrecer alguns quilos e logo estava desesperada para comer um bom e velho feijão com arroz, a carne de panela e os legumes refogados. Logo, ela voltava ao antigo hábito, voltava principalmente a comer muito e engordava novamente. Assisti a esse mesmo filme rodar diversas e diversas vezes durante toda a minha infância com a minha mãe.

Você somente será capaz de manter uma alimentação saudável se gostar das suas refeições. As suas refeições do dia a dia precisam ser saborosas, agradar o seu paladar e até mesmo o da sua família (vejo mulheres fazendo duas refeições, uma para a sua família e outra para a sua dieta). Se tiver em mente que está comendo "comida de dieta", mas que isso vai acontecer apenas por um tempo, já sabe o resultado disso: você vai viver no efeito sanfona.

A primeira coisa a ser feita é parar de achar que para ser saudável e emagrecer você precisa viver de grelhados sem sal, legumes no vapor, salada de folhas sem tempero e batata-doce cozida. Definitivamente não precisa ser assim.

Esses 10 dias que proponho fazer no início do processo com uma alimentação mais restritiva não devem ser vistos como uma comida de dieta, nem como a forma que deve se alimentar para emagrecer. O objetivo desses 10 dias é apenas auxiliar em uma limpeza do seu organismo e do seu paladar, e ofertar uma maior quantidade de nutrientes ao seu corpo para que ele passe a funcionar melhor. Mas após esses 10 dias, você poderá fazer refeições que atendam melhor ao seu paladar.

Saiba que o fundamental é não esperar o final de semana para fazer refeições saborosas. O que eu quero que entenda é que pode comer o que gosta em seu dia a dia. Para isso, apenas precisa entender a diferença entre sempre comer o que gosta e comer o que realmente não deve estar o tempo todo na sua rotina.

Você pode escolher comer pizza numa refeição do final de semana, mas realmente pizza não deve fazer parte da sua rotina. Pizza pode ser algo de que você goste muito, mas não é uma refeição nutritiva, é apenas uma refeição prazerosa.

Quando digo comer comida gostosa, nutritiva e que seja agradável ao seu paladar, significa que não precisa comer apenas peito de frango grelhado. Você pode comer outros cortes do frango, pode ser ensopado, pode ser assado. Os legumes podem passar por outros preparos, podem ser refogados, grelhados e até assados. A salada pode ser temperada, e você pode comer o feijão com arroz de que talvez você e a sua família tanto gostem. É a forma como esses alimentos serão preparados é que fará toda a diferença. Se você fritar o frango por imersão em óleo, sabe que esse preparo, além de não ser saudável, ainda aumenta muito o seu valor energético. Mas sobrecoxa de frango assada com legumes pode ser uma delícia e ainda será uma refeição saudável.

Se você tiver passado toda a semana comendo refeições saborosas, não passará o final de semana buscando "algo gostoso" para comer.

A relação com a comida do final de semana é muito parecida com a própria vida. Vejo pessoas que passam a semana inteira sonhando com o final de semana para ser feliz. Pessoas que não gostam da sua rotina, não gostam do próprio trabalho e de tudo que fazem durante a semana.

Se uma pessoa estiver em processo de emagrecimento, a sua vida passa a ser uma grande tortura durante a semana, além de ter uma rotina que não a faz feliz, ainda não pode comer o que a faz "feliz". Inevitavelmente quando chegar ao final de semana, o momento em que ela se livra da sua rotina, irá querer incluir os alimentos que lhe dão muito prazer.

Dá pra ser feliz todos os dias, se você decidir olhar para a sua vida, e eu não estou me referindo apenas ao que você vai comer. Quanto maior for seu nível de felicidade no dia a dia, menor a probabilidade de "precisar" do artifício da comida para se sentir bem. Muitas vezes o que te leva a comer demais nos finais de semana é que você tem finais de semana tediosos sem atividades e sem lazer. Você fica em casa no sofá assistindo televisão e pensando no que vai comer. Mas você pode ter finais de semana divertidos em que a comida não seja o foco, mas para isso você precisa se programar. Ir ao parque, levar seus filhos para andar de bicicleta na rua, visitar os amigos, fazer um trabalho social. Faça coisas que possam enriquecer seu final de semana e não depender de comida para se distrair.

Evidentemente não é do dia para a noite que você pode transformar toda sua vida, mas tomando consciência do que está te fazendo infeliz no dia a dia, aos poucos comece a fazer ajustes.

Busque na internet receitas simples e saudáveis. Compre livros de receitas práticas e saudáveis para o dia a dia. Você não precisa saber tudo, mas pode aprender. Lembre-se, de que está se tornado uma pessoa saudável, e certamente, para passar por essa transformação, terá que aprender coisas novas.

PESSOAS QUE ATRAPALHAM SEU PROCESSO DE EMAGRECIMENTO

Muitas mulheres sentem uma grande dificuldade no processo de emagrecimento porque dizem que, tanto em casa quanto no trabalho e na vida social, as outras pessoas as atrapalham.

Isso realmente é verdade. Muitas vezes, você convive com pessoas que boicotam e dificultam o seu emagrecimento.

Mas saiba que você pode até mesmo transformar essas pessoas em suas aliadas, e isso só dependerá da sua postura.

Porém, em primeiro lugar é importante que entenda que quem decidiu mudar a alimentação, os hábitos e emagrecer foi você. Não é porque você decidiu mudar que as pessoas irão acompanhar a sua mudança. Eu espero mesmo que isso aconteça e que você passe a influenciar as pessoas com os seus resultados, mas você pode influenciar as pessoas com o seu exemplo, e não com o seu discurso.

Talvez você fique aborrecida com o comportamento das demais pessoas enquanto muda os seus, mas veja, até pouco tempo você vivia igual a elas, não era seletiva com o que comia, ingeria bebida alcoólica em excesso, comia demais, não se exercitava e acreditava que estava tudo certo. E, na verdade, não tem nada de errado com a forma com que cada um escolhe viver. O que acontece é que agora você escolheu viver de maneira diferente. Então precisa respeitar a forma como as pessoas vivem e não ficar fazendo cobranças ou julgando-as.

Você se lembra do quanto achava chato uma pessoa ficar falando de vida saudável com você quando isso não fazia parte da sua vida? O mesmo irá acontecer com as pessoas a sua volta, agora que está iniciando o seu processo.

Ficar repetindo que elas precisam mudar, o que devem e o que não devem comer, que isso ou aquilo faz mal vai fazer com que elas te achem chata e possivelmente até irão se esforçar para que você volte aos seus antigos hábitos e volte a ser como toda a turma.

Perceba que você pode vir a se sentir inicialmente sozinha nesse processo, mas aos poucos você irá encontrar aliados e pessoas que poderão te auxiliar. Por isso considero o nosso grupo secreto de alunas no Facebook tão importante, pois é uma forma delas conviverem com pessoas com os seus mesmos desafios e sonhos.

Sempre digo: "Seja luz na vida das pessoas, ilumine a sua vida e elas serão capazes de ver a sua transformação e vão querer fazer parte disso".

Mas, afinal, o que precisa ser feito para transformar as pessoas em suas aliadas? A primeira coisa é falar com quem boicota o seu processo.

Quando digo falar, não me refiro a ficar reclamando quando te oferecem comida, ou ficar brigando com o seu marido que te traz a sua guloseima favorita. Tenha uma conversa franca.

Num momento que tudo estiver bem e em harmonia, diga a essa pessoa que precisa conversar com ela. Sente, olhe em seus olhos e diga como se sente por estar acima do peso. Fale sobre as suas frustrações, sobre os seus medos e sonhos, e como seria importante que ela te apoiasse. Esteja vulnerável, não tenha vergonha de se expor, de falar o quanto emagrecer é importante para você.

Diga que você sabe que já começou "outras dietas" e não prosseguiu, que sabe que talvez esteja em descrédito, mas que, desta vez, será diferente, e que por isso estão tendo aquela conversa. Diga que ela pode até não te ajudar se não quiser, mas que ao menos não atrapalhe, que não ofereça comida, que não a convide para ir a locais que estraguem o seu processo. E, se necessário, se comprometa a não ficar insistindo para que ela mude. Que você sabe que o processo é seu, que se colocou nessa situação e que cabe a você resolver, mas que seria incrível ter o apoio dela.

Pode ser que, no primeiro momento, a pessoa reaja de forma negativa, mas na minha experiência de consultório e com minhas alunas, em geral, as pessoas se sensibilizam, pois você estará na sua verdade, na sua essência pedindo ajuda e elas se comoverão com isso.

Quanto mais você avançar, quanto mais a pessoa perceber que você está feliz, mais ela irá te ajudar. Mas para isso você precisa mostrar que a ajuda dela está contribuindo para a sua felicidade.

Entenda: o seu marido, por exemplo, não traz salgadinhos para casa porque ele quer atrapalhar o seu processo. Ele sabe que você ama salgadinhos e se sente feliz ao comer. Ele quer que você seja feliz. Se você tira dele a possibilidade de trazer os salgadinhos, tira dele mais uma ferramenta de fazê-la feliz. Mas se você disser para ele que não está feliz comendo, que na verdade está apenas sentindo prazer momentâneo, e que na verdade está sofrendo, aumentam as suas chances de tê-lo como aliado.

Conforme as pessoas forem percebendo que você está realmente feliz com os seus resultados, mais vão querer te ajudar.

O pai da Cintia sempre levava pão de coco para casa no final do dia. Ele sabia que Cintia amava aquele pão. Quando ela estava de dieta, eles sempre brigavam por conta daquela guloseima. Ela dizia que ele só atrapalhava, que não era para levar o pão pra casa, que ele sabia que ela estava de dieta e que só fazia para atrapalhar, que ela nunca iria emagrecer e que a culpa era dele.

Mas no fim, ela sempre comia o pão. Após iniciar o curso, Cintia teve a conversa com o seu pai. Explicou para ele como se sentia, o quanto estava infeliz com aquele peso, que sentia dores nos joelhos, que a sua autoestima estava muito baixa, que não tinha confiança nem na sua carreira, e queria muito a ajuda dele. Que pelo menos por algum tempo ele não levasse o pão de coco para casa. Os olhos do seu pai se encheram de lágrimas quando ela começou a falar sobre como se sentia. Para ele, a sua filha linda e amada estava apenas acima do peso, mas não tinha ideia de como ela realmente sofria. Que para ele era uma grande alegria ver a sua menina se deliciando com aquele pão, pois, apesar de brigar com ele, ela sempre comia, e para ele, aquilo era um sinal de que estava fazendo algo de bom, pois se não fosse o caso, ela não comeria.

Percebe como você envia mensagens para as pessoas através das suas atitudes e comportamentos? Muitas vezes você pode falar inúmeras vezes algo para uma pessoa, mas a mensagem que ela irá ouvir está no seu comportamento, e não na sua fala.

Mas pode ser que essa pessoa ainda teste você, te ofereça algo, mas se disser não, ela irá compreender que você realmente quer as mudanças.

Também pode acontecer que alguma dessas pessoas não queira te ajudar, que seu companheiro não te ofereça coisas que você gosta de comer, mas que ele continue comendo perto de você ou até mesmo as levando pra casa.

Voltamos aqui ao que disse no início, as pessoas não irão mudar só porque você começou o seu processo, então cabe a você se manter convicta dos seus objetivos e sonhos, e tenha certeza de que se você persistir, as pessoas irão desistir de te boicotar.

Há algo bem delicado que muitas vezes acontece entre o casal: a questão do ciúmes. Manter o companheiro ou companheira acima do peso é uma forma de controle.

Márcia se sentia frustrada com as suas tentativas de emagrecer. Bastava o seu marido perceber que ela estava de dieta ele começava a fazer tudo para atrapalhar. Convites para sair pra jantar, trazia comida para casa, abria vinho e tudo que pudesse fazer com que ela desistisse do processo. Ela se sentia dividida entre querer emagrecer e atender aos convites do marido. Quando decidiu conversar com ele, o marido confessou que a achava linda e que ela não precisava emagrecer, e que ele se sentia inseguro em imaginá-la magra, pois ela ficaria ainda mais linda e poderia trocá-lo por outro homem. Nesse momento ambos caíram em lágrimas, e ela disse o quanto o amava, que nada mudaria, e que ela precisava se sentir melhor, mais feliz com o próprio corpo. Que emagrecer faria com que ela se sentisse ainda mais à vontade com a intimidade e que seria ainda mais incrível para a relação deles, que ela queria ficar ainda mais linda para ele.

A partir dessa conversa, ele passou a apoiá-la, e Márcia sempre o lembrava e o fazia perceber o quanto o processo de emagrecimento dela estava fazendo com que ela estivesse melhor e mais feliz, e o quanto a relação estava cada vez melhor. Hoje a Márcia está 22 quilos mais magra e até o seu marido emagreceu 8 quilos.

Diversos fatores podem fazer com que as pessoas atrapalhem o seu processo e talvez você nunca consiga saber ao certo porque elas fazem isso. Se o seu marido te atrapalha, nem sempre será por ciúmes, ou por uma razão clara. Você não tem como controlar o que as pessoas fazem, mas pode abrir seu coração para elas, isso só depende de você, e possibilitar que elas escolham fazer diferente.

Mas esse desafio não acontece apenas em casa, entre os amigos e colegas de trabalho, também. E com eles você também pode e deve conversar.

Beatriz tinha uma colega de trabalho, Marisa, que era a sua companheira de gulodices, mas acontece que Marisa não tinha qualquer problema com excesso de peso. E sempre que Beatriz começava um processo de emagrecimento, Marisa fazia de tudo para atrapalhar. E veja, Marisa não queria o mal da Beatriz, ela só não queria perder a sua companheira. Ela deixava docinhos na gaveta da Beatriz, na hora do intervalo da tarde saía para comprar bolo e tudo mais que elas amavam comer.

Elas já tinham até mesmo tido uma discussão por conta disso, pois a Bia, como era chamada pelos amigos, chegou a acusar a Marisa de falsa amiga por boicotar o seu processo. Essa situação somente chegou ao fim quando Bia falou para Marisa sobre as suas dores. E isso foi uma grande surpresa para ela. Pois ela via a Beatriz como uma pessoa tão feliz, tão realizada, que disse que jamais imaginou que tamanha aflição estivesse escondida por trás do sorriso sempre presente no rosto da sua amiga.

Marisa não deixou inicialmente de comer aquelas guloseimas todos os dias, mas comia e não oferecia para Beatriz, porém, aos poucos, ao observar os novos lanches da amiga, que passaram a ser as frutas frescas, castanhas e sementes, e por saber que realmente comer o que elas comiam todos os dias não era saudável, ela começou a mudar. A Beatriz se lembra até hoje o dia que a Marisa lhe perguntou: "Bia, tem uma banana sobrando aí?".

Ela sentiu uma grande alegria, como uma grande vitória, por ter sido capaz não apenas de mudar os seus hábitos e emagrecer, mas também por influenciar outras pessoas.

Agora quero que elenque as pessoas com quem você terá que conversar para que não mais boicotem um processo.

Faça uma lista com os seus nomes e defina os dias que irá falar com cada uma delas.

TENHA UM GUARDIÃO

Uma figura bastante importante para o seu processo de emagrecimento será o seu guardião. Uma pessoa que te ajude a guardar os seus objetivos e metas.

Talvez ao falar com as pessoas que boicotam o seu processo, você pode vir a encontrar essa pessoa, que ao te ouvir, decida não apenas não te atrapalhar, mas também queira te ajudar. Ou talvez você possa pedir para uma pessoa que normalmente já te apoia ser o seu guardião.

E qual o papel dessa pessoa no seu processo? Guardar os seus objetivos e metas. Você deve comunicar a ela qual o seu objetivo em relação ao seu peso e a sua saúde. Deve comunicar qual a sua meta de emagrecimento, quanto quer emagrecer, em quanto tempo, a sua meta semanal, quantas vezes irá se exercitar por semana, quantas vezes por semana terá uma refeição fora da sua rotina.

A partir disso, você deve ter o compromisso de toda semana fazer um breve relatório a ela de como foi a sua rotina. E ela deve também te cobrar. É importante que o guardião esteja comprometido com o seu processo. Que te cobre mesmo. Ao mesmo tempo, ele será a pessoa que poderá te incentivar quando estiver desanimada, quando os pensamentos sabotadores te assolarem, quando achar que não vai conseguir.

Mas entenda, o guardião não serve para ficar ouvindo as suas lamentações, mas sim para ouvir seus desafios e te aconselhar. Se tiver uma amiga próxima que já tenha hábitos saudáveis e goste desse assunto, possivelmente será uma excelente guardiã. Encontre alguém para te auxiliar nesse momento tão especial em sua vida e coloque o nome dessa pessoa no seu mural do emagrecimento, também disponível no meu site: metodomagraparasempre.com.br/livro.

COMER NOTURNO

Você passa o dia todo comendo certinho, se alimenta de forma saudável, se exercita e, quando chega à noite em casa, começa a comer e só para na hora que vai dormir? Você não está sozinha, muitas mulheres também repetem esse padrão.

Existem três principais fatores que contribuem para que isso ocorra: questão fisiológica, a desorganização e a fome emocional.

Muitas mulheres aproveitam o ritmo frenético dos seus dias para ficar sem comer ou comer bem menos do que deveriam. Com a correria do dia, praticamente não sentem fome, estão ocupadas demais com tantas coisas que sequer se lembram de comer. Ou até param para comer, mas comem bem pouco e até excluem um grupo de nutrientes do prato.

Na hora do almoço, comem uma porção de carne com salada de folhas, passam a tarde tomando café para evitar a fome. Ocorre que se alimentar é fisiológico, uma necessidade do organismo. Se você não come de forma adequada durante um intervalo de tempo, a sua glicemia sanguínea, o esvaziamento gástrico e outros mecanismos ligados à fisiologia da fome vão fazer com que em algum momento você busque comida.

Uma forma de evitar o excesso alimentar à noite, é se alimentar adequadamente durante o dia. Não fazer restrições drásticas e não ficar sem comer por muito tempo.

Uma vez uma paciente chegou em meu consultório e me disse que não conseguia emagrecer porque tinha compulsão alimentar à noite, toda vez que iniciava uma nova dieta.

Passei a investigar a sua história para fechar o diagnóstico de compulsão. Ela começou a me relatar o seu comportamento alimentar durante o dia, e o que ela fazia era comer a menor quantidade possível.

No café da manhã tomava um copo de suco verde, no almoço comia apenas carnes e salada de folhas, passava a tarde tomando chás diuréticos e depois disso comia apenas uma banana no final da tarde antes de se exercitar. Quando chegava em casa por volta das 20h30 comia muito, mas muito mesmo, até sentir ânsia de vômito.

Eu disse a ela que aquele não me parecia um quadro clássico de compulsão alimentar, mas de um corpo suplicando por energia e nutrientes.

Temos mecanismos fisiológicos que regulam a fome e a saciedade. A diminuição de alguns nutrientes em nosso organismo e o esvaziamento gástrico fazem com que seja secretado um hormônio chamado grelina, para que sintamos fome e nos alimentemos. Ao iniciarmos uma refeição, desde a mastigação, começamos a secretar outro hormônio, a leptina, responsável pela saciedade. Se nosso corpo passa muito tempo exposto à fome, quando começamos a comer, o mecanismo da saciedade leva mais tempo para agir, menos leptina será secretada, pois nosso organismo interpreta aquela baixa de nutrientes como uma situação de risco, uma escassez de alimento, e que, uma vez exposto ao alimento, nós precisamos comer muito para "sobreviver" à próxima fase de restrição.

Propus àquela paciente que aumentasse a ingestão de alimentos durante o dia, e aqueles episódios de "compulsão" desapareceram.

Portanto, a primeira atitude a ser tomada, se você geralmente perde o controle da ingestão alimentar à noite, é observar como estão distribuídos os alimentos nas suas refeições durante o dia. Se perceber que existe pouca ingestão de calorias ao longo o dia, comece a se alimentar melhor e de forma saudável durante sua jornada, sem restrições severas de calorias. Dessa forma, você diminuirá as chances de comer em excesso à noite.

DESORGANIZAÇÃO NOTURNA

Outro aspecto importante para você que se perde no seu processo à noite é a desorganização.

Se você chega em casa do trabalho à noite, por exemplo, e não tem nada para comer, é possível que você acabe se rendendo a comer qualquer coisa rápida que esteja disponível ou acabe pedindo comida. É importante que você tenha opções de refeições saudáveis para o jantar.

Uma vez, durante uma das minhas palestras, eu falava justamente sobre não ter o que comer em casa à noite durante o processo de emagrecimento. Costumo brincar que os alimentos brotam da terra, não da sua geladeira, e que se você não sair para comprar, eles não irão chegar sozinhos a sua casa.

Um homem levantou a mão e passou a contar a sua história. Disse que há anos vinha tentando emagrecer, que durante o dia ele fazia tudo certinho, mas que, ao chegar em casa à noite após o trabalho, abria a geladeira e via que não tinha nada para comer. Ele fechava a geladeira completamente indignado com a situação e dizia: "Por isso não emagreço, chego em casa e não tem nada pra comer, o jeito é pedir uma pizza". E que assim ele passava a semana toda entre pizzas, sanduíches e comidas prontas.

Ele percebeu algo simples: "Não tenho nada para comer em casa porque não saio para comprar". E assim terminou a sua fala com o compromisso de se organizar e emagrecer.

Passados menos de dois meses, ele me mandou uma mensagem em uma das minhas redes sociais dizendo que desde a palestra já tinha conseguido eliminar 10 quilos, a partir da reorganização alimentar do dia a dia e principalmente da noite.

Veja que solução simples: bastou ele e a sua esposa se organizarem com as compras e preparar algumas refeições para o jantar e tudo foi solucionado.

Se você não tem tempo, use o final de semana para se organizar. Congele alguns pratos, lave os vegetais e deixe na geladeira para preparar uma salada, mas não deixe o jantar ser apenas um imprevisto.

Vejo também que muitas vezes as pessoas não fazem uma refeição completa no jantar, ficam beliscando, lancham, comem em pé na cozinha e não se sentem saciadas. Como já falei em outro capítulo, coma sempre sentada, sirva uma refeição, coma devagar e com consciência. Aprecie a sua refeição.

Não deixe a sua fome aumentar demais até a hora do jantar e, se necessário, faça um pequeno lanche no final do dia para que possa organizar uma refeição.

8

O QUE PRECISA ESTAR NA SUA ROTINA PARA EMAGRECER

RESPIRAR

Pode parecer estranho eu dizer para você respirar para emagrecer, mas sim, isso é importante. A respiração é um mecanismo de limpeza do organismo. Além disso, respirar pode te ajudar a melhorar o seu nível de estresse e ansiedade.

Observe a sua respiração quando está ansiosa e/ou estressada. Você tem uma respiração rápida e curta e, muitas vezes, até mesmo prende a respiração.

Você pode se beneficiar da respiração em dois aspectos. Primeiro observando a si mesma ao longo do dia para perceber se está respirando corretamente de forma que fique alerta para não prender a respiração.

A segunda maneira é utilizando-se do exercício da respiração controlada.

Cada vez mais temos evidências científicas dos benefícios da respiração controlada, desde a melhora do sistema imunológico até a redução de sintomas de ansiedade, insônia, depressão e déficit de atenção.

Quero propor que inclua na sua rotina um exercício de respiração e também o utilize sempre que estiver ansiosa ou estressada, e especialmente se isso estiver desencadeando pensamentos sabotadores para buscar a comida para anestesiar o que esteja sentindo. Quero que, além de ler o seu cartão de combate, você respire.

Se estiver num local ou em alguma situação que não possa fazer o simples exercício de respiração que vou te ensinar, busque um lugar onde possa segui-lo. Caso realmente não seja possível fazer o exercício, busque pelo menos ficar consciente da sua respiração, passe a respirar de forma mais lenta e profunda, sentindo a movimentação no seu abdômen conforme o ar entra e sai.

Na verdade, o exercício é bem simples e bastante poderoso. Sentada com a coluna ereta, com os dois pés no chão, olhos fechados, coloque uma das mãos sobre o abdômen.

Inspire profundamente contando até dois e sinta o seu abdômen se distendendo. Prenda a respiração e conte até quatro. Solte o ar pela boca lentamente, contando até seis, sentindo o seu abdômen esvaziar. Repita dez vezes esse ciclo.

Você irá perceber imediatamente os benefícios desse exercício. Pode ser que sinta uma leve tontura ou enjoo, mas isso é normal no início.

Não deixe para fazer esse exercício apenas quando estiver ansiosa ou em situação de estresse, faça a respiração para que essas situações não ocorram. Reserve um momento do seu dia a dia. Você irá precisar de menos de dois minutos para essa prática. Ela pode ser feita mais do que uma vez no dia.

Até que se torne um hábito em sua vida, sugiro que coloque no alarme do celular para que se lembre dela. Veja na sua rotina melhor hora e programe o alarme, vamos lá, respire!

SONO

O sono é imprescindível à existência humana e, por isso, dormir bem também será algo importante, não apenas para a sua qualidade de vida, mas também para o seu processo de emagrecimento.

Sabemos que a ansiedade tem sido uma das mais importantes consequências da restrição ao sono. Se você dorme menos do que o seu corpo necessita, ou se não tem um sono de qualidade, isso pode, além de aumentar o seu nível de ansiedade, aumentar o risco de depressão, do uso abusivo ou da dependência de substâncias e até mesmo de doenças cardiovasculares.

Há alguns anos os estudos também vêm apontando para o aumento do risco de obesidade e sobrepeso em pessoas que dormem pouco.

Em média, as pessoas necessitam de 7 a 8 horas de sono para que diminuam esses riscos.

Já havia sido observado que aqueles que dormiam pouco tinham uma maior dificuldade no controle da ingestão alimentar, como resultado da falha do mecanismo fome/saciedade. Essas pessoas tinham uma maior produção de grelina (hormônio que aciona a fome) e a diminuição da produção de leptina (hormônio que nos dá a sensação de saciedade).

Hoje, há evidências científicas de que isso ocorre devido à menor produção de melatonina, um hormônio que exerce importante papel na regulação do sono.

A melatonina começa a ser produzida no nosso organismo quando começa a escurecer e tem o seu pico de madrugada.

Além de as pessoas irem dormir muito tarde, muitas vezes acordam cedo e terem cada vez menos horas de sono (o que diminui a produção de melatonina), o atual estilo de vida, com o uso excessivo de aparelhos celulares que projetam luz nos olhos, os televisores, ambientes muito iluminados, também diminuem a produção de melatonina.

E o que se verifica é que com a diminuição da produção dessa substância ocorre a diminuição do controle da fome, maior acúmulo de gordura corporal e diminuição do gasto de energia.

Além da melatonina, a má qualidade do sono também está relacionada à baixa produção do hormônio do crescimento, o GH, o que causa a diminuição da queima de gordura.

Cuidar da qualidade do sono e do quanto dormimos é fundamental para se viver bem e não ganhar peso.

Para melhorar a qualidade do seu sono e dormir mais, você pode adotar as seguintes medidas:

– Estabeleça um horário para dormir, que permita ter entre sete a oito horas de sono e coloque um alarme no seu celular trinta minutos antes para te lembrar que precisa ir para a cama;

– Diminua as luzes da sua casa, se possível deixe apenas luzes indiretas, como luzes de abajur;

– Sei que pode parecer impossível, mas não fique em frente à televisão, ao computador e no celular até tarde, a luz desses equipamentos irá atrapalhar a qualidade do seu sono. Muitos aparelhos celulares têm a função "luz noturna", justamente para não ser tão prejudicial ao sono. Procure no seu aparelho;

– A luz não é o único problema desses equipamentos, mas também o conteúdo que faz com que você fique alerta e fique acordada até muito tarde. Muitas vezes você fica horas rodando redes sociais e quando percebe já passou muito da hora de dormir. Observe também o que assiste na TV. Programações que te deixem preocupada, triste, agitada, com medo, também podem diminuir o tempo de descanso (pois terá dificuldade para dormir) ou prejudicar a qualidade do sono;

– Discussões e conversas importantes antes de dormir também podem ser prejudiciais. Deixe isso para outro momento. Mulheres gostam de ter DR (discutir a relação), antes de dormir, não faça isso, busque outra oportunidade;

– Não coma muito, você irá aprender como se alimentar no jantar, mas o ideal é que ele ocorra ao menos duas horas antes de dormir e que seja uma refeição saudável e de fácil digestão.

- Vá para a cama sem celular, mantenha o quarto totalmente escuro. Se tiver qualquer luz de equipamentos no quarto, desligue ou coloque uma fita adesiva para bloquear a luz;

- Faça uma leitura que te energize antes de dormir;

- Se, após colocar por algum tempo todas essas providências em prática, você ainda tiver desafios com o sono, como insônia, acordar várias vezes durante a noite, acordar cansada, busque ajuda de um profissional, não ignore o fato de não dormir bem e não ter um sono reparador, isso é fundamental para a sua saúde e qualidade de vida.

ÁGUA

Pode parecer desnecessário falar sobre a necessidade de ingestão de água, mas acredite, muitas pessoas bebem muito menos água do que a recomendada.

A água é essencial para a vida, podemos viver algumas semanas sem comida, mas é impossível sobreviver sem água por mais de alguns dias.

A água participa de diversas funções do nosso organismo, então se quer que ele funcione bem, inclusive para emagrecer, beba água, em média dois litros e meio ao dia é uma quantidade adequada para as mulheres.

Até mesmo questões ligadas ao humor, à sonolência e fome podem estar ligadas à pouca ingestão de água.

A região do cérebro responsável pela sensação de fome, o hipotálamo, é a mesma que monitora a sede. É possível que até mesmo confunda fome com sede. E caso você não tenha o hábito de beber água, o seu organismo terá como fonte de água os alimentos, dessa forma, quando houver um nível leve de desidratação, o seu organismo em vez de provocar a sensação de sede, desencadeia a sensação de fome, e você acaba comendo mais do que o necessário.

Certifique-se de que esteja consumindo a quantidade adequada de água. Use uma garrafa ou anote ao longo de um dia quantos copos de água bebeu para ter certeza de que esteja bebendo água o suficiente.

Se verificar que não está ou se já sabe que não bebe o necessário, tenha com você uma garrafa. Evite as garrafas de plástico (ou use as de plástico que sejam certificadas como livres de BPA – Bisfenol A). Você pode também colocar no alarme do celular para que se lembre.

Não espere sentir sede para beber água. Muitas vezes você demora muito para sentir sede, e quando sente, já está levemente desidratada.

EXERCÍCIO

Sempre digo às pessoas para fazerem as coisas certas pelas razões certas. E talvez você não tenha inserido a atividade física na sua vida até hoje porque se exercita para emagrecer. Enquanto fizer exercício apenas para emagrecer, ele não irá se tornar um hábito em sua vida.

Nosso corpo tem algumas necessidades básicas: alimento, água, sono, respiração e movimento. Se você não coloca o seu corpo em movimento, está deixando de atendê-lo com uma de suas necessidades básicas.

Fazer exercício não serve para emagrecer, mas sim para atender a uma necessidade básica do seu corpo.

São tantos os benefícios da prática de atividade física, isso é massivamente divulgado todos os dias, em todos os canais de comunicação e pelos profissionais de saúde. E a pergunta que fica é, por que mesmo sabendo disso, você não está colocando o seu corpo em movimento?

Talvez você diga: "não gosto", "não consigo", "não tenho tempo", "não tenho dinheiro", mas saiba que você não se exercita porque não tem o hábito.

E por que esse hábito não se integra em sua vida? Voltamos ao início, porque você faz para emagrecer e quando você desiste do processo de emagrecimento, também desiste de se exercitar. Você para quando atinge a sua meta de emagrecimento, pois o seu objetivo era este. Então você para com os exercícios e isso contribui para o efeito sanfona.

Outro motivo para você parar é que você não procura uma atividade com que se identifique e goste, você faz a que acredita ser a mais eficiente para te ajudar a emagrecer.

Sempre brinco com as mulheres, há de ter alguma atividade física que você goste de fazer, algo está guardado para você. Pesquise, busque uma modalidade que seja a mais adequada para colocar o seu corpo em movimento. Você pode dançar, caminhar, correr, fazer uma luta, um esporte coletivo (vôlei, basquete, futebol), frequentar academia de musculação, um box de *crossfit*, se exercitar em casa. E talvez você precise testar, até encontrar algo com que se identifique. O importante é que qualquer atividade que escolha você a execute na maior intensidade possível de que você é capaz

Entenda bem, fazer exercícios tem o papel de aumentar o gasto energético do seu corpo e te ajudar a emagrecer, mas esse não é o principal benefício relacionado ao processo de emagrecimento.

O que considero o mais importante é o bem estar que o exercício proporciona. Se a ansiedade e a fome emocional são desafios para que emagreça, se exercitar será fundamental para combater esse hábito.

Alguns fatores fazem com que os exercícios colaborem para o seu bem-estar emocional. O primeiro deles é o fato de você utilizar esse tempo para cuidar exclusivamente de você, te afastando dos problemas da rotina e de preocupações. Segundo, durante os exercícios você tem a possibilidade de mudar o seu padrão de pensamento, estando concentrada no desenvolvimento da atividade. Terceiro, você pode ter a oportunidade de fazer parte de um ambiente social, de um grupo, de estar conectada a pessoas com os mesmos objetivos. Quarto, a atividade física tem o poder de estimular o aumento da produção de neurotransmissores ligados à depressão, à ansiedade e à atitude, como a serotonina, dopamina e adrenalina.

Em pessoas ansiosas e deprimidas, os estudos mostram a menor produção desses neurotransmissores, podendo ser uma das causas que as faz buscar mais alimentos quando apresentam esses quadros, pois o alimento também pode aumentar a produção. Porém, como já falamos diversas vezes neste livro, buscar o alimento para diminuir a sua dor, só irá anestesiá-la e causar outro tipo de dor.

Perceba, que muitas vezes quando busca uma comida para alimentar as suas emoções, você não quer o alimento, quer o bem-estar promovido por ele. Mas você pode ter esse mesmo benefício se exercitando e colhendo todos os demais efeitos positivos que a atividade física nos oferece.

E se além de emagrecer você quer uma vida longeva, e não apenas viver muito, mas viver com qualidade, se quiser realmente estar viva e poder desfrutar do que a vida pode te proporcionar, precisa se exercitar. Digo que um corpo saudável é um corpo funcional, no sentido de que funcione, que tenha força, movimento, flexibilidade e que te propicie fazer tudo o que ele pode executar até o final da sua vida.

Mas não é isso que vemos. Observamos jovens com o corpo com perda de funcionalidade. Se você está muito acima do peso, possivelmente já não consiga executar algumas atividades corriqueiras. Muitas de minhas alunas, quando ingressam no curso, relatam que sonham poder sentar no chão para brincar com os filhos, passar hidratante nas pernas e amarrar um cadarço. Isso não é justo com você e com o seu corpo, nenhuma pessoa deveria viver assim. E passado alguns meses, essas mesmas mulheres compartilham em nosso grupo, exclusivo para alunas, a satisfação por poderem brincar com os filhos.

Além disso, sabemos de diversas doenças que os exercícios podem prevenir, desde a dor, doenças neurodegenerativas, a manutenção da atividade cognitiva (memória, capacidade de aprendizagem, concentração, linguagem, percepção e funções executivas), além de ativar o sistema antioxidante e prevenir o envelhecimento.

Perceba que você não pode olhar para o exercício como algo apenas para emagrecer.

Um dia estava com uma amiga que vivia um grande conflito por não incorporar em seus hábitos os exercícios. E ela me dizia, "sou muito bem resolvida com o meu corpo, sempre fui magrela e estou bem assim, então não tenho vontade de me exercitar".

Disse a ela que teria que encontrar os seus "motivos" para fazer exercícios. Assim como você precisa encontrar os seus reais motivos para emagrecer, ela precisava encontrar os seus motivos, já que não precisava perder peso.

Conforme fomos conversando, foi ficando claro para ela que, apesar de ser magra, ela já estava apresentando alguns problemas de saúde decorrentes não apenas da falta de exercícios, mas também de uma alimentação não saudável, pois como ela não ganhava peso, comia tudo e qualquer coisa, não era seletiva na escolha dos seus alimentos.

Num momento da conversa, ela falou que tinha muito medo de não ter saúde e energia para viajar e conhecer todos os lugares do mundo que gostaria de conhecer. Que gostaria de estar bem velhinha viajando e conhecendo o mundo.

De repente ela ficou em silêncio e reflexiva. E começou a perceber que mesmo aos 40 anos ela já não tinha muita força física, que facilmente se sentia cansada.

Passei a contar a ela uma experiência que tive quando estive a passeio na Grécia e fui com meu marido conhecer a Acrópole de Atenas. É necessário subir muitas rampas para chegar até o topo da Acrópole, e, como era verão, o calor contribuía para dificultar ainda mais a nossa subida.

Muitas pessoas desistiram da subida por não terem saúde física para subir. Pessoas que estavam muito acima do peso, com problemas de coluna e no joelho, ou simplesmente porque se sentiam sem energia para enfrentar as rampas e o calor. Pessoas que muitas vezes sonharam em conhecer aquele local a vida inteira, trabalharam, economizaram para estar ali, e agora, por não terem saúde e energia, olharam aquele lugar de longe e não conseguiram subir e fazer parte daquele cenário que foi declarado como Patrimônio da Humanidade.

Quando terminei de contar aquela história, ela estava emocionada. E me disse que finalmente havia encontrado as suas razões para se exercitar, que finalmente deixar a sua casa, seus filhos, para ir a uma academia, agora fazia sentido. Ela precisaria de força e energia física para realizar o seu sonho de conhecer o mundo.

É isso o que sempre digo às pessoas, é com seu corpo físico que irá realizar os seus sonhos. Busque as suas razões para se exercitar, é claro que emagrecer pode ser uma delas, mas se for a única, talvez você nunca incorpore a atividade física em sua vida.

Pare por alguns minutos e sinta, busque em você os seus motivos para cuidar do seu corpo físico através dos exercícios e escreva-os nas linhas abaixo:

Após encontrar as suas razões, quero que você decida qual exercício vai praticar, quantas vezes na semana e qual horário e anote tudo isso.

9

O QUE VOCÊ VAI FAZER DAQUI PRA FRENTE

CONSCIÊNCIA CORPORAL PARA SE ALIMENTAR

Agora que você já sabe de fato o que te fez chegar ao peso, corpo e saúde que está, que já conhece os seus reais motivos para iniciar toda essa mudança, que já tem consciência de quais são os principais desafios do processo de emagrecimento e quais novos hábitos que precisa instalar na sua vida para perder peso e, também, após passar por esses dez dias de limpeza do seu organismo, vamos falar sobre como deve ser a sua alimentação daqui pra frente.

Primeiro quero que se recorde do que trabalhamos na Parte 4 do livro sobre o quanto comer e os rituais à mesa, isso deve ser mantido para sempre. Aqueles são hábitos de pessoas que têm uma relação saudável com a comida.

Mas ainda nos resta falar sobre o que comer.

Há tempos venho buscando uma definição, uma forma simples de explicar o que seria uma alimentação saudável.

Primeiro, quero que entenda que ter uma alimentação saudável depende de dois aspectos: o que você não come e o que você come.

Quando eu ainda atendia em consultório, algumas pacientes, ao iniciarem a consulta, logo me diziam: "Não entendo por que tenho excesso de peso, sinto-me sem energia e estou sempre adoentada, pois tenho uma alimentação saudável, não como doces, não tomo refrigerante e não como frituras".

E quando eu passava a investigar o que aquela pessoa comia, logo ficava claro que tinha uma alimentação pobre em nutrientes. Uma paciente uma vez me relatou ser uma pessoa muito saudável e passou a me falar sobre a sua alimentação. Ela comia todos os dias: iogurte com granola no café da manhã, arroz integral, alguma carne grelhada e salada de alface, tomate e pepino no almoço, uma banana antes de se exercitar e no jantar comia a mesma salada do almoço com alguma carne grelhada.

Realmente parece ser uma alimentação saudável, mas não é. E por quê? Pois apesar de consumir alimentos saudáveis, ela comia sempre os mesmos alimentos.

O primeiro passo é ter uma alimentação diversificada. Comer cereais, grãos, leguminosas, frutas e verduras diferentes todos os dias, ou pelo menos toda semana.

Além de diminuir a ingestão de alimentos não saudáveis, é imprescindível o consumo de uma grande diversidade de alimentos saudáveis.

O segundo passo é entender o que são alimentos saudáveis. Hoje a indústria de alimentos oferece um grande número de produtos alimentícios e os denomina saudáveis, mas na sua grande maioria, não são.

E na minha busca para definir o que é um alimento saudável, cheguei a uma definição muito simples, mas muito rica e poderosa: Coma o alimento o quanto mais próximo da natureza possível. Quanto mais próximo, mais saudável.

Para exemplificar: você tem o alimento milho. A espiga de milho é a possibilidade mais próxima da natureza. Você pode cozinhar uma espiga de milho e comer, e assim estará desfrutando da forma mais saudável de comer milho. Mas temos a farinha de milho, em que o alimento base passa pelo processo de retirada da água e trituração. Esse milho já se afastou da natureza, não mais está na sua melhor versão. Podemos, ainda, pegar essa farinha, misturar com açúcar, ovos, óleo e fazer um bolo, estamos ainda mais distantes.

Isso não significa que você nunca possa comer um bolo, ou uma polenta, por exemplo, mas ao comer a espiga, estará se beneficiando do máximo do potencial do alimento.

E além dos fatores nutricionais, quero que perceba que além de nutrientes e energia (energia no sentido de calorias), o alimento possui a energia e a vitalidade da conexão da terra. Então, quanto mais próximo da sua origem, mais o alimento tem a nos oferecer. Durante todo o processo de retirada de água (digo que são alimentos mortos, pois tudo que é vivo tem água), trituração e tempo de armazenamento, os alimentos perdem a energia e vitalidade da natureza. Podemos desfrutar ao máximo do que o alimento tem a nos oferecer, para isso precisamos comer aqueles que além de nutrientes e energia, tenham a vitalidade e conexão da energia da terra.

Existe ainda outro tipo de alimento, que sequer podemos denominar assim, mas quem sabe de produto alimentício, que precisa estar o mais distante possível da sua rotina.

A primeira característica desse produto alimentício é estar distante da natureza e a segunda é ter em sua constituição ingredientes que sequer são alimentos, mas aditivos químicos alimentares.

Aditivos químicos alimentares são substâncias inseridas nos alimentos com o objetivo de manter, modificar ou realçar o sabor, melhorar a aparência e textura, dar cor, aroma ou prolongar o seu tempo nas prateleiras.

Essas substâncias são denominadas xenobióticos, que significa substâncias estranhas ao organismo.

Veja que essas substâncias não cumprem o verdadeiro papel do alimento, que é nos nutrir e nos dar energia. Essas substâncias atendem a necessidade da indústria de alimentos de fazer com que os seus produtos fiquem “mais gostosos”, mais atraentes, crocantes e atendam a uma logística de transporte e tempo de prateleira nos supermercados.

Quanto mais gostosos, mais crocantes, mais práticos, maior o consumo e consequentemente as vendas. E hoje já conhecemos muitos dos danos que os aditivos químicos alimentares causam ao nosso organismo, desde a intensificação de sabor que faz com que você coma mais do que o necessário e contribua com o sobrepeso e a obesidade, até alergias alimentares, déficit de atenção e câncer.

E como você pode saber se um alimento industrializado contém essas substâncias? Simples, leia os ingredientes. As pessoas costumam olhar na rotulagem dos alimentos as informações nutricionais, especialmente as calorias, gorduras e o sódio, mas não se atentam aos ingredientes. E é lá, nos ingredientes, que você irá descobrir o que realmente contém no pacote que está levando pra casa.

E será fácil você saber se o que está descrito nos ingredientes é alimento ou aditivo.

Vou transcrever pra você os ingredientes de uma marca de gelatina de morango e quero que observe o que é alimento e o que é aditivo, confira:

> GELATINA DE MORANGO
> Ingredientes: açúcar, gelatina, sal, vitamina C (L-ascorbato de sódio), reguladores de acidez citrato de sódio e ácido fumárico, aromatizante, edulcorantes aspartame, ciclamato de sódio, acesulfame de potássio e sacarina sódica e corantes bordeaux S e amarelo crepúsculo FCF.

Perceba que até o quarto ingrediente você sabe o que é, depois disso você não sabe mais, então te digo: são aditivos químicos alimentares. E o único alimento que não temos nessa gelatina de morango é morango. A cor de morango é proporcionada pelos corantes; o sabor, pelos aromatizantes; a doçura pelos adoçantes (o nome técnico dos adoçantes é edulcorante).

Isso, definitivamente, não é alimento, é uma aglutinação de aditivos.

Se você parar para observar o que come ao longo do seu dia, vai perceber que acaba consumindo uma grande quantidade de produtos alimentícios que contêm aditivos. Refrigerantes, balas, biscoitos, chiclete, salgadinhos, doces, pães, comidas prontas, iogurtes, barrinhas de cereais etc.

Quero que seja livre para fazer as suas escolhas, e de agora em diante leia os ingredientes antes de comprar e consumir um produto alimentício. Existem alguns bons produtos industrializados, mas para saber quais são, precisa conferir os ingredientes.

Se eventualmente for necessário consumir esses produtos, nosso organismo é eficiente e capaz de eliminar essas substâncias, mas o consumo frequente, principalmente o diário, pode causar muitos danos à sua saúde e atrapalhar o seu processo de emagrecimento.

Em resumo, de hoje em diante a sua alimentação deve estar pautada no que falamos na parte 4 do livro: comer apenas o necessário, comer menos e de forma consciente. Ter uma alimentação diversificada e mais próxima da natureza e eliminar ao máximo os produtos alimentícios que contenham aditivos químicos alimentares.

ALIMENTAÇÃO PARA UMA VIDA LONGEVA

Quero te lembrar da história da Andreia, minha aluna do Método Magra para Sempre que eliminou 47 quilos e deixou para trás uma outra mulher após o curso. Uma mulher sedentária, que buscava atender a sua necessidade de prazer imediato com comidas industrializadas, hipercalóricas, ricas em gorduras e açúcares. Lembrando que a história completa da Andreia, contada por ela mesma, está disponível em meu canal no YouTube.

Como ela mesma diz, foi uma mudança de dentro para fora. E o que ela fez foi seguir o Método. E com isso compreendeu que precisava mudar seus hábitos, passou a ter disciplina e a apreciar comida de verdade. Mudou seu estilo de vida, viu a melhora do seu casamento, já que seu marido a acompanhou no processo e também perdeu 20 quilos.

O que marcou a virada da Andreia foi perceber que, se continuasse como estava, iria morrer. Ela estava perdendo a sua mobilidade, mal conseguia subir as escadas da sua casa, se sentia ofegante simplesmente por conversar com pessoas e estava sempre adoentada. Andreia define a sua mudança como a retomada da vida e diz que havia passado 10 anos sem viver e que foi capaz de resgatar o próprio destino. Diante de mulheres como a Andreia e tantas outras que presenciei transformarem suas vidas, ganhando saúde e disposição para viverem felizes e de forma plena, pergunto a você: como está a sua saúde e qualidade de vida?

Talvez você diga que esteja bem, que seus exames te mostram que não tem nenhum problema de saúde e que você é uma gordinha saudável.

Quero que saiba que não existe o "gordinho saudável". Não estou me referindo àquela pessoa que tem um leve sobrepeso, ou que não atenda ao padrão estabelecido de magreza. Mas se você está acima de um peso saudável, em algum momento o seu corpo irá mostrar os sinais de que ele sofre com o excesso de gordura. E não espere ver essa manifestação nos exames laboratoriais, pois eles podem ser os últimos a mostrar o seu estado de saúde.

Pare para se observar, você tem energia e disposição para as atividades básicas do seu dia? Você tem um corpo ágil, flexível e forte? Você sente dores, especialmente nas costas, joelhos e tornozelos? Talvez isso seja decorrente do excesso de peso.

E algo muito importante, não quero que pense em saúde apenas como ausência de doenças, mas como um estado pleno de energia, disposição e vitalidade. Que seu corpo físico seja a ferramenta que você tenha para ter uma vida feliz hoje e que te proporcione uma vida longa.

A longevidade está intimamente ligada com os seus hábitos, e a alimentação e os exercícios serão definitivos para que você se torne uma pessoa longeva.

O alimento nos oferece os nutrientes necessários para que o organismo desempenhe suas funções. Temos um sistema antioxidante que nos protege de doenças e do envelhecimento precoce, mas esse sistema precisa dos nutrientes oriundos da alimentação.

O alimento pode ser a fonte de saúde e longevidade ou de doenças e um caminho para abreviar a vida.

Você pode escolher entre consumir alimentos que nutram o seu corpo, que ofereçam nutrientes para que todas as funções do organismo aconteçam de forma eficiente, que sejam uma fonte de proteção e energia, ou consumir alimentos que causem doenças, envelhecimento e falta de energia.

Você pode fazer boas escolhas, este livro te mostra a possibilidade e ferramentas para mudar os seus hábitos, a sua saúde e emagrecer.

Relatos como o da Vania Lima, uma outra aluna, que maltratava o seu corpo com excesso de comida, que sentia dores e cansaço, mas que foi capaz de emagrecer 20 quilos e mudar a própria vida, nos prova como é possível resgatar o que estava perdido. Como ela dizia:

> Cabeça de gordo tem uma realidade só dela, faz trocas absurdas, movidas apenas pelo ímpeto de satisfazer seus prazeres momentâneos.
>
> Trocas como: não almoçar hoje, comer apenas a sobremesa no lugar da comida e esperar emagrecer, afinal, em volume, foi bem menos.
>
> Trocas como: fazer exercícios hoje e pedir aquela pizza de calabresa com Coca-Cola, porque afinal, hoje posso, hoje mereço.
>
> Trocas como: passar o dia bebendo só água para ir àquela festa à noite e se afundar nas coxinhas, bolinhas de queijo, roubar brigadeiros, comer bolo e copos e mais copos de refrigerante.
>
> Trocas como dizer estar "de dieta" e recusar alimentos publicamente mas comer tudo escondido depois.
>
> Procuramos dietas malucas que prometem resultado rápido e passamos por todo tipo de restrição alimentar, nos intoxicamos com anfetaminas, laxantes, "chás milagrosos", nos submetemos aos efeitos colaterais terríveis de tratamentos que nos apertam, amassam, sugam, centrifugam, para depois voltar aos mesmos hábitos do passado, que nos trarão os mesmos resultados.
>
> Eu não estava feliz e isso me fazia comer ainda mais e engordar ainda mais.
>
> Todos os dias, por trás do sorriso e da aparência de dona de restaurante bem-sucedida, eu escondia uma autoestima em declínio, cansaço, dores nas articulações e stress.

Eu, quando comecei nesta missão de compartilhar meu conhecimento para que mulheres resgatassem a saúde, percebi que a questão não era só emagrecer. Era dar uma oportunidade para que as pessoas revissem seus hábitos e estilo de vida.

Todos os recursos que temos disponíveis hoje, médicos, exames, medicamentos, vão nos proporcionar uma vida longa. É possível sobreviver muito tempo com patologias já instaladas no organismo com a ajuda de medicamentos. Mas eu não espero que você sobreviva, eu quero que você viva. Sobreviver não é viver.

Temos apenas uma vida, e isso é fato. A vida é um sopro e temos que vivê-la na sua máxima expressão.

Mas não podemos confundir a construção de uma vida repleta de satisfação e felicidade com uma vida de prazeres imediatos. Os prazeres fazem parte da vida, comer algo e sentir prazer é algo que deve fazer parte dela, mas viver a vida na sua máxima expressão não é uma vida regida por pequenos prazeres momentâneos.

E um dos aspectos da vida com que podemos e devemos estar satisfeitos, e consequentemente felizes, é nossa saúde. Sentir energia e vitalidade para realizar os seus sonhos. Olhar no espelho e reconhecer a pessoa que está ali refletida e perceber que você é capaz de cuidar e honrar o corpo que lhe foi concedido para ter essa experiência extraordinária chamada vida.

Quero que de hoje em diante você sempre se lembre do seguinte: é através do seu corpo físico que você irá realizar todos os seus sonhos.

AS TRÊS ATITUDES DO EMAGRECIMENTO DEFINITIVO

Eu sei que dias difíceis virão. Somos humanos e sempre enfrentamos esses desafios. Sei também que você vai cogitar desistir, que momentaneamente vai esquecer aquele desejo de ter mais energia, de uma vida longeva, de melhorar a sua autoestima, de recuperar a intimidade no seu relacionamento, as roupas que deseja e até de usar um biquíni. Eu sei disso, mas o grande desafio que eu quero que você perceba não é o de criar uma rotina de treino, nem de ter uma alimentação perfeita. O grande desafio é não desistir.

Lembre-se sempre disto: nada na vida é linear e constante, então você vai falhar, mas não vai desistir.

Eu tenho certeza de que se fizer o que tem que ser feito, vai conseguir. Eu tenho certeza disso porque acompanho casos todos os dias com minhas alunas. Lembre-se, se alguém é capaz de realizar algo, você também é. Basta fazer o que elas fizeram. Aqui no livro, disponibilizo ferramentas, que já ajudaram centenas de mulheres e irão ajudar você.

Você agora sabe o que precisa fazer, dispõe de técnicas e ferramentas e saiba que juntas somos muito mais fortes. A história das minhas alunas, seguidoras, e agora a sua, leitora, é o que faz seguir adiante e lutar contra essa epidemia de obesidade. Contra essa cultura da comida prática, rápida, que não cumpre o papel de nos nutrir e nos energizar e que aos poucos colabora com a instalação de doenças.

Pode ser que alguns dias você se levante e acredite que não seja capaz. Nesses momentos, encare a dor, não use a comida para se anestesiar. Use o seu mantra e se lembre por que começou tudo isso. Leia o cartão de combate, leia as razões pelas quais você quer emagrecer, quais motivos te trouxeram até aqui.

Muitas vezes você poderá se frustrar com os resultados, quando eles não corresponderem àquilo que você acredita que é o esperado. Pode ser que chegue um momento em que ao ver poucos gramas a menos por semana na balança, você acredite que o esforço não vale a pena. Mas lembre-se de amar o caminho e não os resultados.

Quando isso acontecer, lembre-se de mulheres como essas de quem contei as histórias aqui no livro, que tiveram suas vidas resgatadas após o processo de emagrecimento.

Não desista. Desistir não é o caminho. Avalie o que pode fazer diferente para melhorar o resultado e se emocione a cada conquista. Eu te garanto: vai valer a pena.

Após a leitura deste livro você tem consciência de que não quer emagrecer apenas porque quer ter um corpo magro que atende a um padrão de beleza, agora você sabe que pode viver mais e melhor, que pode evitar doenças, que um corpo saudável te possibilita viver com plenitude e jovialidade, cuidar de seus filhos ou das pessoas que você ama, vivenciar as situações sem vergonha, sem medo, com a alegria no olhar e o sorriso constante de quem está se sentindo bem.

Sentir-se bem consigo mesma é uma vitória. E eu quero que você estenda essa conquista para a sua família, para seus amigos e para as pessoas que te cercam. Seja luz na vida das pessoas.

Agora você tem conhecimento, não mais pode alegar que não sabe o que fazer. Use o seu conhecimento para fazer um compromisso com você mesma. Crie uma revolução na sua vida e na de sua família. Estabeleça hábitos que possam favorecer sua vida. Seja congruente para ter sucesso no processo de emagrecimento. Não espere ter resultados que não sejam condizentes com a sua ação.

E quando não tiver os resultados esperados, observe as suas ações, apenas não desista.

Saiba fazer as suas escolhas de forma responsável, sem se vitimizar e dizer que não consegue. Tenha coragem de tomar as suas decisões e mesmo quando escolher comer algo que não seja adequado para aquele momento, que seja uma decisão consciente e não inconsciente. Muitas pessoas vivem a vida de modo inconsciente e automático, não faça isso. Antes de comer algo pelo simples prazer de comer, pare por um momento e sinta exatamente como irá se sentir após alguns minutos. Na maior parte das vezes devemos fazer nossas escolhas pela satisfação a longo prazo e não pelo prazer momentâneo, e isso se aplica a tudo na vida.

Se estar acima do peso é uma dor, você precisa ocupar o seu tempo para curá-la. Pare de tratar esse aspecto da sua vida como algo de pouca importância, só você sabe o quanto isso é importante, então priorize.

Assuma o poder de sua vida. Entenda o que quer e o que não quer em sua vida e pare de se sentir impotente diante do "eu não consigo". Pare de brigar com a sua mente, não discuta com ela, comande. Tome uma decisão e faça.

Uma atitude poderosa diante da vida é ter paciência. Você precisa ser paciente. Paciente com a vontade de comer doce, paciente com a vontade de comer as coisas, paciente em ter uma rotina diferente da que tinha ou da rotina das pessoas que estão ao seu redor.

Gandhi dizia que se você perde a paciência, perde a batalha. Seja paciente com você e com o seu processo de emagrecimento.

Eu também quero que você tenha persistência. A persistência realiza o impossível. As pessoas não fracassam, desistem. Não é porque teve um dia ou uma semana ruim que você vai desistir. Lembre-se sempre, o processo não é linear.

Não pare, não desista. O grande desafio é não parar de fazer o que está dando certo. Mas você não vai desistir, vai continuar.

O seu lema nesse processo de emagrecimento será paciência e persistência. Lembre-se sempre, paciência e persistência.

Por fim, sempre se lembre dos motivos que te fizeram começar. Ter isso claro todos os dias fará com que se mantenha no processo de emagrecimento.

E essas serão as suas três atitudes do emagrecimento definitivo: paciência, persistência e jamais se esquecer por que começou esse processo.

E conte comigo sempre.

KARINA PELOI é uma apaixonada por ajudar mulheres a serem mais felizes e saudáveis através de seu método de emagrecimento. Nutricionista e *Coach* formada pelo americano Rhandy Di Stefano no ICI – *Integrated Coaching Institute*, também tem formação em Programação Neurolinguística, Terapia do Renascimento e Pranaterapia. Karina já ajudou mais de 15 mil mulheres no mundo todo a emagrecerem de forma definitiva, tornando-se a profissional de saúde com maior relevância nas redes sociais desde 2018.

Fontes REGISTER, TUNGSTEN
Papel OFFSET 75 g/m²
Impressão RR DONNELLEY